U0037959

潘懷宗的慢管教養

管少一點，愛多一點，教出快樂自信的好孩子

潘懷宗——著

我們是和樂的一家人！

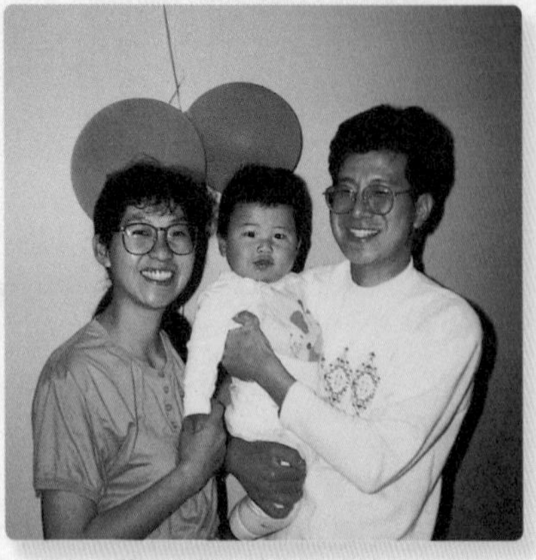

大兒子若承與雙親在學生宿舍中合影，
雖然家徒四壁，卻很開心。

潘師母自台灣大學化工系畢業時，
潘懷宗特地從美國返台致賀，
兩人先在台完婚後，才一同出國。

在美國先菱藥廠擔任資深研發科學家時，
潘懷宗到附近大姊家度耶誕節。
左一是大姊長子布蘭登，右二是若承。

若承出生於美國喬治亞州亞特蘭大市，
當時夫婦倆均為留學生。

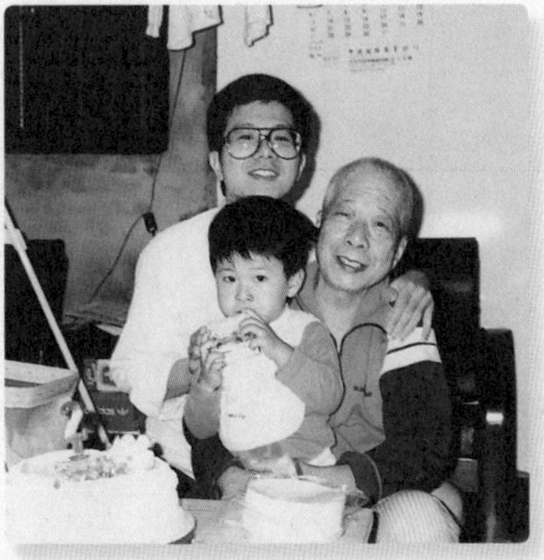

爺爺家中簡陋，
但一家人仍其樂融融。

時任陽明大學醫學院副教授的潘懷宗，
週末常陪兩個兒子到公園玩。

潘師母與小女兒若文。

潘師母與二兒子若禹。

熱愛動物，善體人意的老大若承

雖然個性害羞，
卻有熱心助人的一面。

若承自小個性溫和。

若承從小就愛動物成痴，
父子三人利用寒假到澳洲旅遊。
拍照的是若禹。

由於雙親忙於工作，
若承小時候的課外教學都由奶奶陪同。

獨立又好強的老二若禹

若禹自小就是個性好強的孩子。

若禹血液中的搗蛋因子讓爸媽相信：
再怎麼難教的孩子，也不能輕言放棄！

爸爸是老二若禹的靠山。
父子三人到新加坡旅遊，
拍照者為若承。

在爸爸的堅持下，兄弟倆一起學跆拳道。
兄弟倆雖相差兩歲，但若禹體型較大，
常被誤認為哥哥。

全家都寵愛的老么若文

和若文相差十歲的若承，
常扮演兄長如父的角色，
帶著妹妹散步玩耍。

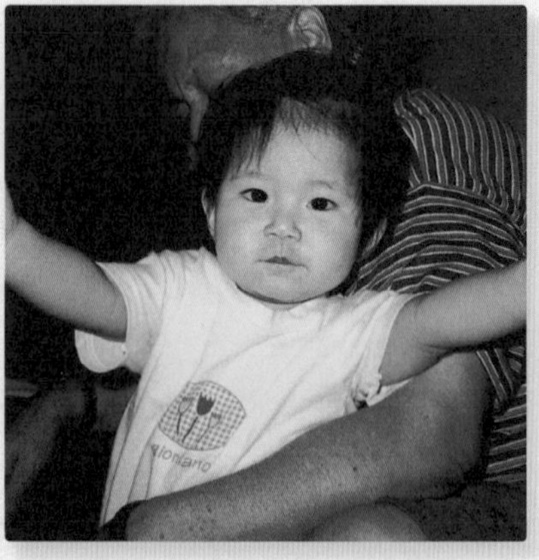

若文可愛得不得了，一使出哭功，
就讓老爸沒轍！

若文和兩個哥哥，有時吵架，
但感情還是很好。
拍攝地為當時居住的陽明大學教師宿舍。

若禹雖然常教訓若文，
但骨子裡非常疼愛妹妹，
經常陪她玩。

到處都有他們的蹤跡！

平常一家人很喜歡參與各種戶外活動。
照片為潘師母當時任職公司
所舉辦的自強活動。

潘懷宗獲得博士學位後順利找到大藥廠工作，
夫妻倆帶若承到迪士尼樂園旅遊慶賀。

兄弟倆個性截然不同，長大後留學美國，
老大當了同學會會長，
老二則是兄弟會副會長。

潘懷宗與兩個兒子到新加坡旅遊，
坐渡船時為開心的兄弟倆拍下的合影。

爸爸與前世的情人。若文這時才小學六年級。
好說歹說才讓她答應牽著爸爸的手，
留下歷史性的鏡頭。

媽媽與兩兄弟。

二〇一二年，若承和 Winnie 結婚，家中有了新成員！

目錄

PART 1

接受孩子的原型：孩子不屬於父母，是獨立的個體

PART 2

做一個瞭解與尊重孩子的父母

PART 3

教養原則：父母管愈少，孩子愈好！

PART 1

接受孩子的原型：孩子不屬於父母，是獨立的個體

我家是動物園

潘懷宗／

超愛動物的老大

我有三個孩子，老大是兒子，叫若承，個性溫和，不太會與他人起衝突，從小到大，我和太太都對他很放心。他喜歡上山下海，接觸大自然，對動物更是迷戀不已。

我對動物則是敬而遠之，在實驗室照顧動物已經夠累的了；回到家裡，休息的時間都不夠，更不想再照顧動物。若承就跟我完全不同，他實在太愛動物了。

每次全家出遊，只要稍稍一晃眼，他的身影就會消失不見，每次都要讓我們扯著嗓子四處找人。有一次大家找了好久，最後才發現，原來他跑去草叢找一些蜈蚣，讓我們既好氣又好笑！很多人害怕蜈蚣，擔心被咬以後會又痛又腫，所以逃之夭夭；若承則總是小心翼翼地呵護牠們，生怕牠們受到了驚嚇。

「愛動物」是若承與生俱來的天性。只要有人惹到動物，他一定會翻臉。有一次，他走在天母街上，看到一個人用鐵鍊圈住一隻小猴子的脖子，牽著牠快步走，若承立刻憤憤地向對方說：「怎麼可以這樣對待動物呀？簡直是殘害小動物的行為！」若承毫不考慮就激動地為猴子打抱不平，要不是我們多加勸阻，甚至差點就要衝上去和對方理論。

流浪狗之家的常客

若承念高中時，有一天在街上看到一隻受傷的流浪狗，遍身又髒又臭，一般人多半會避之唯恐不及，甚至想趕牠走，但他二話不說，立刻將牠抱起，直奔動物醫院，把身上僅有的四百多塊全部拿來當作醫藥費，直到牠被醫治好了，才把牠送到流浪動物之家。

高三那年，他常到台北市士林區社子堤防的「洲美街流浪狗之家」擔任志工，一有空就去幫忙遛狗、餵食，替狗狗洗澡。這是一位英國人 Sean McCormark 創設的機構，聽若承說，Sean 以前在英國一家鄉村酒吧當經理，來到台灣後一邊教英文，一邊四處旅遊。漸漸地，他發現台灣有許多可憐的流浪狗，牠們患了皮膚病、被車子撞斷腿、被人虐待……讓他看了於心不忍。最後，他發現自己再也沒有辦法坐視不管了，於是開始投入救狗的行列，救援的數量多達數百隻，並且也開始自己養狗。

若承跟 Sean 很有話聊，即使後來到美國去念書，也還是很關心 Sean 收養的每隻流浪狗的情況。

念動物系，實踐一生所愛

由於若承太愛動物，我們的家裡於是變成了一個小型動物園，雖然一家人必需長年與好幾種不同動物相處，卻也增添了家裡歡樂的氣氛，同時也帶來不小的困擾。做父母的，都冀望孩子能夠開心成長，對此我也就不多干涉了。

當若承申請到美國華盛頓州立大學動物系時，其實我一點都不覺得意外，畢竟，動物就是他的最愛，他老早打算用自己一輩子的心力來照顧動物。

在寒、暑假期間，若承會去美國華盛頓州當地的動物醫院做義工，照護動物，回台時也會到台大動物系進修。二〇一二年，他從大學畢業，也繼續申請了獸醫研究所就讀。

協助孩子建立自己的判斷力

若承申請美國研究所時，由於我自己是過來人，因為關心他想申請的學校及申請條件，於是特別抽空陪他一起去南陽街補習班搜尋相關資訊，我很高興能夠參與孩子的成長。

只要孩子喜歡的事，我多半不會拒絕，而是選擇放手讓他們自己做決定。**一個孩子會下判斷、做決定，並非短時間就能學會，而是要從小透過家人間的互動，同**

時從學校與社會，累積足夠的經驗，才能逐漸學會。只是，判斷能力會隨著事情的複雜性而變得愈來愈艱難。有時也經常會超過孩子具備的能力，身為家長，就有責任協助孩子做出正確的判斷。

如何才能學習正確的判斷呢？**首先，家長必須先引導孩子了解整件事情，從了解的過程中進而下決定，而不是為了省麻煩，直接給孩子自己的答案。**因為，判斷往往是因人而異的，每個人的最後決定也都會不一樣，因此，要培養孩子擁有做出關鍵性決定的能力。家長可以事先評估，哪些比較簡易判斷，哪些是難度較高的判斷。比方說，孩子要買藍色、白色或黑色的鞋子，因為牽涉個人喜好，是較容易的判斷；但是要不要養狗、養寵物就不是那麼簡單的問題了，它會涉及個人的能力，個人時間，以及家庭中其他成員的接受度……等等。

當初，一開始我並不同意若承養狗，就是因為家裡沒有夠大的空間，還考量到餵食、衛生等問題，其實不是「要養」或「不養」這麼簡單，而這些溝通過程也是在幫助孩子自行判斷，讓他了解，很多事情絕非只有「二分法」而已。

搞懂孩子，以同理心相待

我每天在外頭工作相當忙碌，回家後還得準備資料，所以一向與動物保持比較疏遠的距離。後來，若承開始在家裡飼養各式各樣的動物後，我勉為其難地接受與動物近距離接觸，有時難免也會對我的生活造成一些干擾，但孩子們喜歡就好，屋裡有孩子們的鬧聲、笑聲，與愉悅的氣氛，反而是件很快樂的事。

老婆及孩子們也知道我有太多事情要做，通常不會要我協助餵食之類的，我們也不會因為動物的問題發生爭執。孩子們從小到大都與我們維持和樂融融的親子關係。坦白說，**我對孩子的教養方式就是順著他們的毛摸，減少反彈，採柔性勸導。**

懂這個「懂」字很重要，可是卻又很難。畢竟，為人父母的「懂」，跟小孩不斷成長的「懂」是不相同的。雖然孩子是自己生養的，但他們畢竟還是獨立的個體，不是複製了另一個自己，所以，要格外花心思去了解孩子的性格與需求，以及成長及發育過程的身心變化，而且要試著將心比心，不要強迫孩子遵循自己的想法，甚至想用自己的想法去綁住他們。

喜歡孩子和「懂」孩子是兩樣情；懂了，才會知道如何平衡彼此間的不同觀點。我認為，**教養的關鍵是必須先站在孩子的立場，了解他的所思、所想，這才是真正的「懂」，而不是只站在自己的立場去理解孩子。**

我在醫學院教書時，大一新生要到醫院擔任志工，目的是透過推輪椅等服務工作，讓他們理解一個病患的身心狀態，藉此讓他們早些體會病人的不舒服，並且能以同理心來醫治自己的患者。

我常覺得，教養孩子這件事跟對待朋友、員工及夥伴一樣，不能一味站在自己的角度去要求，而要從孩子的立場去設想，也就是同理心。如果能夠從這個角度與孩子互動，教養這件事會變得比較容易，而且也比較不會讓彼此的關係陷入僵局。

同理心的本質是「心態」，在要求孩子對自己負責任之前，要先用心關心他們，了解他們的困難是什麼？造成他們偷懶、耍賴、不高興的原因是什麼？然後，再透過陪伴、鼓勵等方式，幫助他們找到勇於負責的快樂，也讓他們能夠建立起追求成就光榮的動機。

潘師母／

動物家庭趣事多

若承喜歡動物，我覺得與我的 DNA 多少有點關係。我自己也很喜歡動物，在孩子小的時候，我常會抓蝴蝶、金龜子、獨角仙和甲蟲給他們，如果看到蚱蜢，也會扯着嗓子說：「快來看蚱蜢！」

我在電腦公司上班，公司每年都會舉辦旅遊活動，我會帶著他們一起參加；我牽著若承、若禹的小手一起去過綠島、蘭嶼、南投……，在風林綠草之間跟著昆蟲一起呼吸。不管走到哪裡，若承的視線永遠都停留在動物身上。

小時候，他常在空地挖雞母蟲，雞母蟲是甲蟲類的小 baby，白白胖胖，很像蠶寶寶，他沒事就挖，每次都會挖回一大堆。不只雞母蟲，他還很喜歡看螞蟻，也喜歡捉蝴蝶、蚱蜢。

由於孩子愛動物，家裡從此成為「動物樂園」，曾經住過我們家的動物，有迷你雞、三線鼠、兔子、熱帶魚、狗、烏龜，即使若承到美國念書，他也在宿舍裡養了一隻南美大蜘蛛，以及蜘蛛的食物——蟋蟀。

走失的迷你雞、三線鼠

若承念小六時，同學之間很流行養迷你雞，很多人都在養，他也買了三隻來養。迷你雞的體型小，可以放在手掌上逗玩，還可以帶著牠們到操場上遛雞，挺有意思的。迷你雞當時是養在紙箱裡面，有天晚上，若承發現籠子裡少了一隻，這下可麻煩了！如果牠在家裡死掉了，一定會發臭又發爛……因此，全家趕緊展開了總動員，投入搶救迷你雞的行列。我們不放過客廳的每個角落，沙發、桌椅底下都用翻箱倒櫃的方式仔細搜查了一番，仍不見牠的蹤影。

我們找了整整一個晚上，最後終於在冰箱後面找到牠。原來，因為天氣太冷，迷你雞很怕冷，養在紙箱裡，上頭放一盞燈，牠每天跳啊跳的，終於有一天跳出了箱子，最後只好躲到冰箱後面取暖了！看到牠平安無事，大家也都鬆了一口氣。

有一回，若承又買了兩隻三線鼠回家，完全沒料想到，才過了短短數天牠們就生出了一窩小鼠，我和先生心想：「再這樣下去，豈不是養鼠為患，每天要跟成千上萬隻鼠輩為伍了嗎？」

可是，如果硬要若承遺棄這些老鼠，他肯定是不會妥協的！我先生就跟若承說，希望可以將老鼠「男女分居」，免得生個沒完沒了。

若承還真有本事，自己去翻書、上網查找資料，很快就分得一隻不差，公、母各佔一籠，彼此互不侵犯。第二代三線鼠長大後，有隻眼睛怪怪的，我先生問若承：「牠是不是眼睛有毛病？」

若承抓起三線鼠，看了看，說：「得了白內障。」

我先生疑惑地問：「你怎麼知道是白內障？」

若承胸有成竹地說：「眼睛白白的，應該是白內障，一定要帶去看獸醫。」

於是，他們父子倆就帶著這隻三線鼠去看獸醫。到了獸醫院，由於寵物沒有健保，先繳了六百元，都已經比人的診療費還要貴了，還要填病歷卡，必須給小三線鼠取名字，也只好臨時取一個，甚至最後的藥錢，都比買一隻全新的三線鼠還要貴。

有一天，這隻得了白內障的三色鼠突然不見了！怎麼找也找不到。

「到底跑到哪兒去了呀？」

隔天，我們家的門鈴響起，管理員手裡拿著一隻小老鼠說：「這隻老鼠是你們家養的嗎？」我們看了看，正是走失的三線鼠。

管理員繼續說：「這隻老鼠跑到隔壁六樓家，他們家沒有養老鼠，就送到我們這邊來了，我只好挨家挨戶地問。」

三線鼠不是白內障嗎？牠是怎麼跑到六樓？大概視野模糊，走錯了回家的路吧！……一連串的問號在我們的腦海中浮現。

後來，若承因為要出國念書，便將三線鼠送給他的同學飼養。到現在，陽台上仍然留下七、八個籠子，每次看到這些空蕩蕩的籠子，過去的記憶就會不斷湧現在眼前。感謝這些小動物們曾經來到我們家，給我們一家人好多難忘的回憶。

收養流浪狗

若承到流浪動物之家做志工時，經常會到河濱公園陪狗狗們散步，遛著遛著，他與其中的一隻狗便產生了深厚的感情。於是，若承向我們提出認養的要求，還跟我們拍胸脯、掛保證，說自己一定把牠照顧得很好。

從前，若承就跟我們提過要養狗，但那時我們住在陽明大學的公寓裡，房子小，怕吵到左鄰右舍的老師，環境不適合養寵物，更沒有時間去照顧牠們。後來，因為選上市議員了，必須搬離宿舍，在外承租了一間舊房子，剛好那兒有個小庭院，住家附近又有公園，遛狗很方便，但我們還是不放心地和若承說：「嘴巴說養狗很簡單，真的養起來不太容易了！每天要照顧牠的三餐，清理大小便、幫牠洗澡，帶牠出門活動，瑣碎的事情很多……你可以應付得來嗎？要不要考慮一下？」

若承立刻點頭說可以。

「既然你答應了，就要好好地照顧牠喔！」

於是，這隻狗狗便成了我們家的一分子，若承替牠取了 Jasper 這個名字。

Jasper剛住到我們家時，若承遵守諾言，善盡自己身為主人的責任，每天打理狗食、清理大小便、遛狗，包辦一切瑣碎事務；但是，隨著高三的課業逐漸繁重，他回家的時間也愈來愈晚，加上返家後還有很多功課要做，沒時間買狗飼料、清理狗大便，更不用說帶著牠出門跑跑跳跳，因此，做媽媽的我也只好接手代為照料。

三、四個月後，我跟他說：「你都沒時間照顧Jasper，不然送回去，不養了！」若承卻說，「Jasper的弟弟也好可愛，我還想再養Jasper的弟弟！」

我當然舉雙手反對，直截了當地跟他說：「不行、不行！」

若承高中畢業後忙著準備赴美留學的事情，於是，半年後Jasper又回到了流浪動物之家，但我們還是常常去探望牠，直到牠被其他的主人收養為止。

潘懷宗／

大兒子是同學會會長，二兒子卻是兄弟會副會長，兩人個性大不同

我家老二也是個男孩，叫若禹，小名叫「小胖」。他的脾氣很拗，個性很急，一旦決定要做一件事，就會卯起來往前衝，任誰想擋也擋不住；相反地，如果他不想做，就是誰來勸也都勸不來。

若禹的性格不像我，也不全像老婆（除了脾氣壞以外，嘻！），我曾開玩笑對好友說，「我懷疑若禹是突變種！」從學醫角度來看，DNA決定個性，有些孩子跟父母類似，但也有些可能不像，這是一種基因亂數的自然現象。

很多人看到若禹，都覺得他的外型跟我差異頗大。我的體型瘦小，外貌像讀書人，他身高一百八十五公分，全身是肌肉，很是精壯！伏地挺身一次可以做上數百下，我常笑他看起來就像個「土匪」似的。

從小，爺爺就很寵若禹，這多多少少也可能與他養成的「拗脾氣」有關（除了基因之外的後天影響因素），直性子的他往往火氣一來就沒完沒了。雖然他身材魁梧，但在我的眼裡仍是一個長不大的孩子。其實，他的個性率真，只要能耐著性子跟他好好溝通，他就會知道該怎麼做才是最好。

懂得替自己打算

若禹高中念歐洲學校，英文程度很好。畢業前，他主動說要赴美念書，我當然舉雙手贊成，因為這表示他在為自己的未來籌謀、做準備。況且，順著他的想法走，我會少操心一些，而他的表現也沒讓我失望。當時，我和太太每日忙進忙出，挪不出太多時間帶他去辦理美國大學的入學申請手續，所以，一切赴美的大小事務，全靠他自己一個人處理。最後，他不靠我這個留美老爸的協助，自己申請到美國名校UCLA（University of California, Los Angeles，美國加州大學洛杉磯分校）的化學系。竟然跟我選擇了一樣的科系就讀，真令我驚訝。

從小，我們一家人對若禹的操心最多，我很高興，這次他憑藉自己的力量就申請過關，實現了自己到美國留學的想法，因此我更鼓勵他、期勉他能在大學四年中努力且快樂地學習。

開學沒多久，他加入了 Lambda Phi Epsilon 國際性亞裔兄弟會。從成為會員開始，他就十分熱中參與各式活動，後來甚至被推選為副會長。兒子加入兄弟會組織，其實我一點不驚訝，因為，這符合他的性格，反而是一些不了解若禹的朋友會一臉驚訝，疑惑地問我，「潘老師這麼斯文，兒子怎麼會是兄弟會副會長呢？」

沒有美國留學經驗的人，往往會有種根深蒂固的觀念，以為兄弟會跟台灣傳統幫派的兄弟類似，其實全然不是那麼一回事。兄弟會是美國大學校園最有特色的學生組織，最早的兄弟會，是一群學生秘密聚集在一起，討論學校發生的爭議性話題，內容包羅萬象，演變到現在，他們會定期集會、討論學術問題、關心全球議題。若禹加入的 Lambda Phi Epsilon 國際性亞裔兄弟會，就是一個積極參與慈善事業、促進亞裔認同感、鼓勵學術研究及確保校園內亞裔美國人權益的社團。

兄弟會常被大家稱為「希臘生活」（Greek life），因為，每個兄弟會都會用一到三個希臘字母來命名，若禹參加的兄弟會就是用「ΛΦΕ」三個希臘字母組成，發音是希臘文，一般人不好念。

加入兄弟會，如魚得水

若禹告訴我們，UCLA的兄弟會有白人、亞裔之分，每逢學期末到下一學期開始前這段期間，兄弟會便召募新成員（Rushing），任何人都可以報名參加，但要通過一連串的面試和篩選，才有資格得到為期一學期入會考驗（Pledging）的機會。入會考驗有一定難度，並不是每位報名者都能夠順利通過。不同兄弟會有不同的考驗，對於入會方式和過程也都相當保密。

若禹為人一向海派、講義氣，當上兄弟會副會長後，可以說是如魚得水，找到了一個自己的舞台，將自己善於社交的長才發揮得淋漓盡致。兄弟會副會長是一個組織的主要領導者之一，若禹很喜歡這種被團體認同的感覺，這對他建立日後的人脈關係也很有幫助。雖然副會長的任期只有一年，但他從中學到了很多東西，更汲取了許多書本裡沒有的經驗。

而我的老大若承，個性中規中矩，為人也熱心，經常積極幫助新來的同學。其實，他在就讀台北市立福林國小四年級之前都非常害羞，只敢在下課後講話，有次上課被老師點名上台發言，便嚇得發抖，在台上一句話也說不出來，甚至還哭了起來，最後老師只好讓他回座位。還好小四的時候，有一位洪老師發現若承的聲音音質很有辨識度，適合當司儀，於是對若承加強發音訓練及台風，終於在四年級時擔任全校兒童節慶祝活動的司儀。在過程中，若承獲得很多的掌聲，才找回了自信。從此以後，他再也不怕上台說話。現在，若承最想對老師說的話就是「洪老師，謝謝你！」，一個老師的鼓勵，對一個小孩一生的影響之大可見一斑。

多虧老師的注意與協助，原本害羞的若承在小學四年級時才能擔任慶祝兒童節活動的司儀。

這樣的若承，在大三時當選了華盛頓州立大學的台灣同學會會長，還被邀請到州長家烤肉聚餐。兩個兒子可以說是截然不同，一個傾向在體制內運作，一個喜歡在體制外發揮。

潘師母／

天生反骨的怪咖老二

若禹的個性桀驁不馴。從小到大，我和先生在他身上付出的心血，也明顯比老大若承及女兒若文要來得多。

Mr. Why

我還記得，老二若禹在三、四歲時是個性格溫和的孩子。每次，我和他說：「弟弟，該吃飯了！」、「該洗澡囉！」、「該睡覺了！」，他的回答一定是「好！」、「好！」，幾乎總是二話不說就答應。那時候的他好乖巧，一點都不讓我操心，對照長大以後的調皮搗蛋，還真是令我懷念啊！

「上山打老虎」是一首兒歌，歌詞是「一二三四五，上山打老虎，老虎打不到，打到小松鼠，松鼠有幾隻，讓我數一數，一二三四五，五隻小松鼠」，每次只要想到這首歌，就會讓我追憶起若禹念幼稚園時的可愛模樣，這是他在幼稚園時學會的第一首兒歌，每天放學回家，他會一邊唱，一邊在沙發上跳來跳去，活潑到不行！隨著年齡增長，那個小時候凡事說「好」的孩子，也開始會用不耐煩的口氣反問：「為什麼？」

有一次，我先生帶著若禹和一位美國來的白人叔叔到香港旅遊，順道前往海上樂園遊玩。「若禹，快點睡覺了，不然明天早上起不來！」我先生說。

他回答：「為什麼？」

「若禹，要出門了！」

「為什麼？」

一路上，他不斷地說「為什麼」，搞得美國叔叔頗不耐煩。

他不明白，為什麼若禹一直在問「為什麼？」，最後只大聲地回應：「Don't

ask why! Because your father say so!（別再問「為什麼」了，照著你爸爸說的話做！）」，還給他取了一個「Mr. Why」的封號。

不受傳統教育束縛的孩子

若禹一向特立獨行。炎炎夏日，他會在房裡開低溫的空調冷氣，因為那時的他很胖，約莫有一百多公斤，非常怕熱。我們身體沒他那麼壯，覺得很冷，會打起哆嗦，當我們跟他說冷氣別開這麼冷時，他的回答是：「但我覺得這樣很舒服！」冬天時，他會在房裡穿著短袖衣服，而我們則穿上了厚重保暖的衣服，我們當然覺得很怪，也怕他著涼，他的回答一樣是：「但我覺得這樣很好，很舒服！」好吧！這是每個人體感溫度不同，我們也不能多說什麼，只好隨他了，反正一旦感冒，他自己遭殃。

若禹念幼稚園時，經常被老師列為喜歡欺負女生、不聽話、愛搗亂的孩子，與其他三名男生名列「四大金剛」。上了小學之後，他仍舊不改搗蛋的本性，甚至猶有過之。

念士林福林國小三、四年級時，導師對若禹不同於班上其他同學的行為深感頭痛不已。他常會在班上提出一些反對意見，然而，他反對的那些上課規矩，其實早已行之有年，像是上課必須專心聽講、少數得要服從多數、不聽老師的管教會受連坐法處罰……有一次，班上同學表決校外教學的地點，一般做法是「少數人服從多數人的意見」，若禹很不服氣地說：「少數人提出的意見也很好，為什麼少數就非要服從多數？」真是令人頭痛。

老師跟他解釋：「民主的規範就是少數服從多數。」若禹根本不理解什麼是民主規範，反正就是要一味地反對到底，甚至要求多數也要尊重少數。

老師提出「上課時，若班上同學吵鬧成一團，全班都要受處罰」的班規時，他立刻持反對態度：「我剛才在念書，你有看到我在鬧嗎？我幹嘛要受處罰？」他覺得在那樣的情況下一視同仁，其實並不公平。

一位老師要管全班四十幾位學生，不能一一指導，又不知該如何回答他的提問，所以也只能將他列入問題學生的名單了。

每次學校的親師會，做媽媽的我就只能猛向老師賠不是，並請老師多費點心思包容他、照顧他。

但說來奇怪，若禹上課很少乖乖坐著專心聽課，玩抹布、玩鉛筆盒、東張西望都是常有的事情，老師為了拉回他的注意力，常常請他重複剛才教過的內容，他不但說得出口，還能回答得很正確，就連考試的成績，也都經常拿到高分。

尊重，讓孩子自主

若禹的頭腦聰明、靈活，只是行為模式獨樹一格，我們跟他說的話，他往往不會照單全收，我們也習以為常，只能儘尊重他。高中畢業後，他決定出國念書，一手包辦了申請赴美的事情；選擇就讀 UCLA 的化學系，也是他自己的決定，跟我們毫無關係，我們只是支持。

剛到美國時，他很認真念書，只在學校、圖書館及宿舍之間往返，生活相當規律，讓我們覺得很意外，覺得這似乎不是他的本性。果不其然，等到熟悉了美國的讀書環境以後，他那不安於室的腦袋瓜，又開始思索著要做些什麼刺激的事情了！

當我從先生口中得知他想加入 UCLA 的 Lambda Phi Epsilon 國際性亞裔兄弟會時，其實很替他高興，覺得這跟他與生俱來的性格契合，正好能讓他結交一些志同道合的朋友。從小，他就喜歡別人聽他的話，就連我跟我先生也都要聽他三分。

若禹是典型的領導型人物，這一點在他念台北歐洲學校時，便已經展露無遺。他曾是足球隊隊長，帶領大家東征西討，戰果輝煌。甚至有一回，他帶著班上三位同學一起翹課，被老師抓到；結果，他自己考了一百分，其他三位則被當掉。

若禹喜歡熱鬧、愛交朋友，但國中期間，他曾經跟我們說：「為什麼我都沒有朋友？」我跟他說，因為他太聰明又太好玩，所有同學們跟著他，不是被當掉，就是翹課被抓，所有家長都禁止小朋友再被當掉，必須一下課就回家，他當然會覺得自己沒朋友。其實並不是這樣的，只是沒有人有本事跟他一樣如此吊兒郎當罷了。

若禹有時候會到朋友家過夜，他的朋友也會來我們家小住。有一次，若禹帶了一位朋友回家，第二天早上，我看到一個留著長頭髮的背影，心想：「糟糕！這是若禹的女朋友嗎？」

我立刻問他：「弟弟！是不是你的女朋友？」

「不是啦！是我同學。」

「那他頭髮怎會這麼長？」我問。

「他就喜歡留長頭髮啊！」若禹還嫌我大驚小怪。

若禹曾經介紹一些愛玩的朋友給我們認識，我們察覺到不對勁，就會跟他分析道理。聰明的他也會觀察朋友的行為舉止，沒多久，就沒有繼續跟這些人往來了。

進入兄弟會，若禹彷彿如魚得水，忙碌於一連串召募新會員的活動，包括租借場地、製作海報、擺設攤位……等，常常忙到要挪用自己念書的時間才行。

我和先生很擔心若禹忙於社團活動，會耽誤到課業，他當然也不希望自己因為外務忙碌，導致功課一落千丈，所以常常在繳交報告或考試前夕，打電話回家向我先生求救。我經常聽到先生在電話裡耐心地對他說：「你不要急，要按照章節來念……這樣念，你就會拿到分數，順利畢業。」我先生的耐心很管用，有他幫忙分擔輔導孩子的責任，我這個做媽媽的也樂得輕鬆。

不替孩子貼標籤

我和先生在美國念書時生下了若禹，他由爺爺、奶奶帶大，應該算是隔代教養下長大的孩子。爺爺是他最親近的人，他也很愛爺爺，祖孫之間的感情是沒有任何其他人可以替代的。我公公過世以後，由我先生接手陪伴若禹，如今若禹長大了，也有了自己的一片天地。

雖然若禹這個孩子的成長過程挺讓人煩心，但後來我發現，孩子的行為常常是家人的一面鏡子，做父母的是否有平心靜氣想過：是不是我們的一些作為，讓孩子潛移默化，有樣學樣？我們有沒有在孩子需要關懷和協助時，適時地給予支持？

很多父母覺得孩子這個沒做好，那個不太好，常常在孩子身上貼標籤，但我和我先生的做法則是接納孩子，不以孩子暫時的外在表現來衡量他一生一世的價值。

搗蛋鬼在我家

潘懷宗／

三個小孩之中，我常覺得老二若禹的血液裡隱藏著「搗蛋」因子，他喜歡嘗試各種新奇的事物，愛玩樂、喜歡跑夜店，哪裡熱鬧就往哪裡鑽。

六位荷槍實彈的警察來按我家門鈴

有一年暑假，若禹從洛杉磯返回台灣，邀請一群年紀相仿的同學，在我母親的家裡開轟趴（home party）。

在美國，開 party 是很普遍的社交活動，但他們放著粗野嘶吼的重金屬音樂，大聲喧嘩、嘻笑，啤酒一瓶接一瓶地喝，完全沉浸在歡樂的世界之中；到了大半夜，高分貝的嘻鬧聲顯得嘈雜，因此惹惱了隔壁某位非常怕吵的鄰居；對方向警察局報案，警察上門詢問，也不知道對方報案時是怎麼說的，小小的一件事，竟然來了六位荷槍實彈的刑警，把奶奶嚇得直發抖。

住在隔壁棟的我完全不知情，母親知道我工作忙碌，也沒有立刻讓我知道這件事，直到隔天下午才告訴我。我心裡著急，就跟選民服務處的陳主任叨念：「我家這個小胖，真的很糟糕耶！」

陳主任問：「那你要怎麼處理？」

那時，我還沒有跟他通上電話，便立刻回答：「事情過了就算了！但今天晚上聚餐，我可能會好好罵他一頓。」

一旁的大兒子若承也跟著附和：「小胖這次死定了！」

陳主任沒說話，但我看得出來，他希望我這次一定要好好罵罵兒子才行。

晚上一到餐廳，看到了兒子，我原本想開罵的心情瞬間凍結，結果，我不但隻字未提，而且一如往昔地跟他說：「小乖你好棒！多吃點！下次不可以這樣，吵到鄰居是不對的。」頓時，若承及陳主任都露出微微失望的表情。

若禹竟然拿到了專業調酒師執照

高中時，若禹對課業遊刃有餘，遂向我提出要去學調酒、當調酒師的要求，我原本不答應，但他說只是學著當興趣，若有朋友到家裡作客，也可當作一種生活品味，能得到證照，方顯專業。

於是我便答應了他，陪著他到台北火車站的調酒補習班，交了一筆為數不小的學習費（包含材料、學費、申請考照等費用）。這小子也真厲害，在完全沒有影響課業的情況下，竟然調酒課一堂也沒缺席，乖乖地學完每一堂課，調出一手好酒，令人刮目相看。小子確實聰明。

考照當天是星期六，若禹自己坐遊覽車去新竹清華大學赴考，一坐下來，看看題目共一百題、二十分鐘內要交卷，就嚇得屁滾尿流，一路埋頭苦做。等到十九分鐘過後，他起身交卷，老師才對他說，二十分鐘之後才能「開始交卷」，真是烏龍一場。但反正也寫完了，索性就交了卷。放榜後，竟然拿了九十幾分的高分，順利取得執業調酒師執照，我笑著問他「題目很簡單，所有人都通過喔？」他說：「錯！

很多人不及格！」我頓時臉上三條線，不知該如何接話。

大二那年，若禹放寒假返台，興致一來大展身手，決定調酒給大家喝。品嚐了他的手藝後，我才發現他確實頗有慧根，味道相當不錯。

寒假過後，他將一些沒有喝完的酒寄放在我母親的家裡。我母親偶爾會跟一些老友在家聚餐，有酒氣氛佳，不知不覺，就把酒給喝光了。等到暑假，若禹回來遍尋不著剩餘的酒，就開始大呼小叫：「酒呢！跑到哪兒去了？怎麼會不見了呢？」母親跟若禹說，朋友來家裡作客時喝掉了，哪知他突然發飆，很不高興地數落了奶奶一頓。

大兒子若承見狀，很替奶奶抱不平，就對若禹說：「從小到大，奶奶一路照顧我們長大，吃喝拉撒，哪一件不是奶奶帶著我們，怎麼可以這樣對奶奶說話？」

若禹立刻回嗆他：「你想怎樣？」

那天，服務處陳主任剛好在我家，正在廚房準備做菜，看到若禹胡鬧得不像話了，就好聲好氣地跟他說：「小胖，你不要這樣啦！」

若禹大概被激怒了，立刻大聲對陳主任嗆聲：「關你什麼事！」這下可惱怒了陳主任，手中拿著菜刀的他揮舞著刀吼道：「你是怎麼樣，沒過幾天好日子，又要鬧事啦！你給我過來！」

奶奶見情況不妙，哭著說：「不要再吵了！」

若禹這時才發現自己搗蛋過頭，情緒頓時緩和了下來，立刻跟陳主任認錯：「陳叔，我剛才有點失態了，對不起！」

陳主任跟我的家人很熟，是孩子們口中親切的「陳叔」，他很了解若禹的脾氣，因此這件事也就大事化小，小事化了，有驚無險地過去了。其實，兄弟兩人小時候還因為打架，把家裡的落地窗全部打破，若禹因此還送醫院，縫了好幾針。

有話憋不住的直腸子

兩個兒子到美國念書以後，一家人要聚在一塊吃飯變得不太容易了，所以，我也特別珍惜全家聚餐的日子。

這天，一家人難得到餐廳吃晚餐。女兒若文遺傳自她的媽媽，是過敏體質，一吃蝦就會起疹子渾身發癢，因此點餐時，我就特別交代：「不要點有蝦的食物。」沒想到，我才說出口，若禹情緒立刻爆發，提出抗議：「不能因為她一個人不能吃蝦，全部的人就都不能吃，這樣太不公平了！」

當下我愣住了……「難得全家聚餐，若禹該不會又要搗蛋了吧！」

若文聽到哥哥的吼叫立刻哭了出來，自己一個人跑出餐廳，我和太太趕緊跟出去安撫她的情緒。再回到餐廳時，若禹已經沒事了。若禹本來就不能忍受挨餓，肚子一餓，腦袋缺少葡萄糖，加上他的個性原本就急，脾氣難免就上來了。

對我來說，一家人吃頓飯，本來就該開開心心的，既然若禹反映了自己的意見，我也順著他的意思：「想吃什麼就點什麼吧。」

我認為，孩子多發表自己意見是好事，這表示孩子還願意跟父母溝通，最擔心就是他們一句話都不說，寧願將所有心事都跟朋友說，那才更糟糕。

讓孩子多說話，可以了解他們真正的想法，也未嘗不是好事。看事情，可以從不同的角度出發，不是嗎？

我跟孩子溝通的方式一直是直來直往，每個孩子的性格不同，觀點、想法也不一樣，難免會起爭執或是不悅，但只要大家耐心溝通、彼此體諒，感情依舊可以緊密地維繫在一起。

至於孩子當著你的面，會說出什麼話，則是一個可以再去探討的問題。孩子會觀察父母的反應和態度，逐漸形塑出他講的話。如果他們勇於提出父母的不是，當父母的也不要覺得臉上無光，畢竟，每個人都會犯錯，做父母的也一樣。**承認錯誤是一種同理心，要讓孩子知道，做錯了事就應該道歉，這樣才是比較有效的身教。**

做父母不該一味指責孩子，也不該因為孩子說了不中聽的話就勃然大怒，應該要耐心聽孩子講，了解他們的想法之後，再加以處理並解決問題。

怕蟑螂、怕鬼的膽小鬼

老二若禹長得人高馬大，性格就像江湖豪俠，但他在我眼裡畢竟還只是個孩子，而且，小時候的他膽子非常小，跟他的體格形成強烈的反比。

每次他一看到蟑螂、老鼠，整個人就會變了樣，嚇到不知所措，幾乎完全失控。若承有時會模仿他：「哥——哥——哥——哥——（變聲）！怎——麼——有——蟑——螂！」又學他畏懼得躲在哥哥身後，希望哥哥把蟑螂給趕走的表情。

每次看到若承這樣模仿他時，大家都會笑到肚子痛！

若禹念高二時，服務處的陳主任覺得他脾氣實在太壞，所以曾經故意捉弄他。他知道若禹怕鬼，某天凌晨十二點，就請若禹用手機撥電話到他房間。房間的電話有轉接功能，若禹一打過去，他就將電話轉到我家的客廳，若禹聽到電話鈴聲大作，馬上嚇了一跳！他立刻掛上電話，緊張地說：「陳叔，好奇怪喲！為什麼我打電話給你，我們家客廳的電話會響。」

陳主任故作鎮靜，壓低了聲音跟若禹說：「我不騙你，你家裡有鬼，真的有鬼！」

若禹半信半疑地說：「陳叔，你是說真的嗎？」

陳主任繼續逗他：「不然，你再試試用手機撥電話到陳叔的房間。」

若禹照做後，陳主任將電話轉接到圓山飯店，他很害怕，又跟陳主任說：「好奇怪，電話怎麼會是打到圓山飯店？」

陳主任再度用低沉的聲音嚇他：「小胖！我跟你說，你們家真的有鬼。」

若禹緊張到不行，就跟陳主任說：「不會吧！」

陳主任決定使出了最後一招，他跟若禹說：「不然，你再打最後一次電話，看看到底有沒有鬧鬼？」

果不其然，客廳電話又開始大聲作響，嚇得他大叫：「奶奶呀！有鬼！」

潘師母／

小心！別引爆兒子的地雷

若禹性格很擼，我則是耐性不足，所以兩人經常話不投機，一不小心就會踩到彼此的地雷。還好，我先生的性格溫和，耐心十足，經常對若禹好言相勸，所以若禹還滿聽他的話，心裡有什麼話也都會跟他說，著實讓我放心不少。

自行搭車找爺爺，嚇壞了一家人

早期我們自己租房子，但省吃儉用地買了一間小房子給我公公住，也經常前去探望他。我公公很寵若禹，祖孫倆很麻吉，只要我們跟若禹說要去看爺爺，他絕對超 high。

那個星期日，我們又要去看爺爺，講好七點半要準時出發，每個人都準備妥當了，若禹卻還在打電動，根本不理會我們催促。

到了七點二十五分，大家跟他說：「弟弟，七點半一定準時開車，如果再不換衣服會來不及的，待會我們就會開車走，不等你了喲！」

七點半，準備上車了，他才要起身穿衣，我們就跟他說：「還要等你穿衣服，會來不及，你乾脆就不要去了。」

於是，大夥兒就上車離去。

我因為不太放心，打電話回家，奶奶才說，若禹自己招了一輛計程車，跟在我們車後，要自己去看爺爺。一個小孩自己搭乘計程車真的很危險，這下換我們緊張了！幸好最後還是找到他。

理髮大暴走事件

若禹獨斷獨行的個性經常讓一家人操心，也導致我們之間的小衝突不斷，但多屬枝微末節的小事。最大的衝突，是在他念高一的時候。

他升上高中後，開始比較注重自己的外表。有一天，他跟我說要去理頭髮，結果理完髮後覺得不滿意，他便嘟囔不休，認為理髮師沒有按照他所要求的處理方式來做造型。

孩子都是固定到巷口的家庭理髮廳理髮，因此我好意跟他說：「家庭理髮師習慣剪三分頭、五分頭，不能理解你的要求，不然，下次就不要再去這家，去美髮沙龍就好啦！」但他偏不妥協，非要請理髮師再剪過不可，還要我去跟理髮師說。

我告訴他：「這樣子不行，頭髮已經剪短了，理髮師不可能再剪了。」即使我好說歹說，勸他等到頭髮長了以後再剪也不遲，若禹還是完全聽不進去。

我的耐性不足，講第一遍、講第二遍不聽，我還可以忍受，但鐵定會擺出一張臭臉；到了第三、第四遍，我的火氣就冒出來了！

我受不了若禹的拗脾氣，舉起手想要處罰他，這才發現，已經一百八十五公分高的若禹其實長大了，根本打不到他了！

他順手拿起椅子，作勢要反抗我，我一看苗頭不對，就對若禹大聲說：「你馬上離開我的視線！」

若禹就真的跑了出去，到晚上十一點了還沒回家，我先生急著出門找人，還好若禹沒有真的跑遠，就在士林區雨農路的堤防附近徘徊，我先生跟他講了大半天，總算勸說成功，順利將他帶回家。

自此以後，我盡量不插手管教若禹。

若禹的脾氣經常在一瞬間爆發，根本不顧別人的想法及感受，幸好我先生的性格溫和又有耐心，以關心來取代嘮叨，所以，需要跟若禹好好溝通的角色，通常就由他來擔當。久而久之，他們也成為無話不談的好朋友。

父母不能火上加油

我的個性和我先生不同，我比較缺乏耐性，很注重小細節；我先生性格溫和、有耐心，講求大方向。所以，我們倆學會了互補之道，該堅持的大事，就由我先生作主，要耐著性子溝通的事也由他代勞；至於家務事就由我全權處理，我先生總是不會有太多意見。

對於教養孩子的立場及想法，做爸爸的常會和做媽媽的不同，我先生很重視親子之間的溝通，**當然，我們並不是一開始就懂得該怎麼做，但隨著一次又一次的溝通與嘗試，就會愈來愈熟練，孩子也會從中得到成長，知道如何跟父母相處。**

在傳統的華人家庭中，教養孩子時，通常是爸爸扮黑臉，媽媽扮白臉。我和我先生很少罵孩子，一切都以愛為出發點，勉強只能算是一張白臉及一張半黑臉，我先生絕對是那張白臉，我則是半黑臉。每次，一旦我說不過小孩，就只能責怪先生把他們給寵壞了。

教養孩子本來就是夫妻要一起承擔的事，不能逃避，而且彼此之間需要培養類似籃球競賽的默契，懂得角色扮演，有人負責進攻，有人則負責防守；有人攻籃失分，有人要搶籃板球，千萬不能一時失誤，火上加油，讓事情變得一發不可收拾。我和先生都了解，當事情發生時，絕對不能火上加油，而是要找出原因，趕緊將著了火的情緒撲滅掉。我很感謝我先生始終扮演著救火隊的角色，每當我和兒子之間的地雷出現時，他總是小心翼翼地拆掉引爆線，維持整個家庭的和樂融融。

煩功一流的弟弟

潘若承／

我是一個不太容易生氣的人，這點是遺傳自我的爸爸，要讓我為一件事情生氣，其實並不容易。但有一次，若禹居然惹毛了我，可見他的擼功有多厲害！

男生多半都愛打電玩，我也一樣，但我是那種會控制情緒、不急不徐地跟遊戲對抗的人；若禹則是一玩起來就幾乎忘了其他人存在，腦海裡只剩下自己跟電腦螢幕。

有一次，他下載了一款遊戲軟體，大概玩得太high，電腦當機了。他跑來要我幫忙處理，那時我剛好正在忙，結果被他擼了三個半小時，真的動怒了，就用學習了多年的跆拳道招式，大力地推了他一把，沒想到他撞倒落地窗，玻璃碎裂一地，還割傷了他的手動脈，鮮血直流。

當時我真是嚇壞了，馬上打電話給在陽明山國民小學附設幼稚園擔任老師的姑姑，她要我趕緊叫計程車，送若禹到陽明醫院急診室。

上了車，若禹抱著我一直哭，我以為是因為手痛的緣故，卻聽到他抽抽噎噎地說：「哥——我好怕——待會兒——爸爸——會罵我。」

性格穩定的若承和煩功一流的若禹。當時若承就讀小學三年級，若禹則是小學二年級，兩人同時就讀台北市立福林國小。

沒想到，這麼大個兒的弟弟，平時是個磨人精，一遇到事情，哭起來就成了膽小鬼，還需要我這個哥哥的保護。

從小，我們兩兄弟就是一路吵鬧、一路陪著彼此長大。我的性格比較穩定，所以我退讓的機會居多。自從若禹受傷後，我們雙方都明白該有一條底線，他知道我的脾氣再好，也有可能被惹毛，一定不能跨越這條線。我則更加了解，即使弟弟再怎麼火爆，都要想辦法不能生氣，免得造成意想不到的後果。

潘師母／不呷意「笨」的感覺

若禹是個聰明的孩子，只要是他想做的事，幾乎很快就能學會並迅速上手。

若禹念小學時，我和先生因為工作忙碌，有段時間讓他下課後去上安親班。安親班的老師會在他寫完功課後，發測驗卷讓他練習，每次，他都一定會認真寫完，理由是：「我不喜歡不會寫測驗卷的感覺，那會讓我覺得自己很笨。」

縱使上課調皮搗蛋，對他來說，學習仍然是件很重要的事，攸關個人的自尊，所以，他一定會把不懂的功課弄到懂為止。考試考不好時，他會感到很受挫，並且難過地問：「我明明可以考得好，為什麼會變成這樣？」

他會再三檢討自己，到底是沒有安排好讀書時間，還是念書的方法不對？

因為擔心自己變笨，所以他總是很認真地學習。他從小就愛吃，原本曾經想學烹飪，因為學會以後，至少可以煮給自己吃，後來他發現烹飪這件事太過複雜，索性打消念頭，不學了。接著他又發現調酒不錯，至少調酒師看起來很酷，於是花錢去上調酒課，還考上丙級調酒師執照。

若禹中學念的是歐洲學校，中文程度沒有辦法跟一般人比，要考執照其實並不容易。那次他到新竹考試，拿到考卷後，看到「二十分鐘交卷」，立刻振筆疾書，在十九分鐘內就將試題全部寫完。

交卷時，監考官跟他說：「不可以在二十分鐘以內交卷」，他才發現自己看錯了說明。不過，成績放榜以後，他也拿到九十幾分的高分。

中文程度不太優的他能拿高分，是什麼原因呢？我想，只能用「聰明」二字形容。若禹的邏輯及推理能力很好，能快速掌握關鍵原理，很快讓自己進入狀況。

若禹還彈了一手好吉他，是跟同學學來的，學習力強的他勤於練習，沒多久就能自彈自唱，看起來頗有架式。大一暑假，他從美國回來，還與朋友在台北市士林區的天母廣場租了場地，現場搭檔表演，過足了當街頭藝人的癮。

爲了一碗牛肉麵，拚命減肥

潘懷宗／

我和太太都是標準體重，若承則是身高一百七十五公分、體重六十五公斤，也算標準身材。但若禹不同，他從小就體格魁梧，高二時，身高已飆到一百八十五公分，體重直衝一百零八公斤。身為健康專家，我很重視養生，更時時推廣「彩虹蔬果」的觀念。所以，我很擔心若禹的體重影響到健康，希望他能減肥二十五公斤。

我的母親擁有烹調的好手藝，若禹從小就吃慣她的「滿漢全席」，加上正值成長發育階段，胃口相當好，因此一開始，我對他能否減掉一身的贅肉，其實並不抱持任何期待，但若禹表示他願意全力以赴。

當他說要減重，全家人也跟隨他的步調，幫助他少吃、多動。我們夫妻倆更是以身作則，將餐桌上的菜色做了一番調整，平日三餐多吃少油、高纖的食物。

到了晚上，服務處的陳主任會帶他和若承一起運動，像是跑步、健走、游泳。運動完後，全身大汗淋漓，消耗了不少熱量，肚子容易餓，陳主任就帶他們一塊兒去吃消夜，真糟糕。若禹正在與身上的脂肪「拔河」，豈敢吃高熱量的食物？因此，他只能眼巴巴望著其他兩人大快朵頤。陳主任看了於心不忍，只好點干絲或無糖豆漿讓他解解饞。

若禹平常愛搗蛋，但是一旦定下減重的目標，就勢必要達成不可，絕不半途而廢。他秉持著「早餐吃得多，午餐吃一半，晚上一過八點就不吃」的原則，努力控制食物總熱量的攝取，經過半年的時間，體重從一百零八公斤降到一百公斤。

陳主任立刻給他加油打氣：「小胖，如果體重降到九十公斤，我就請你吃牛肉麵當犒賞。」後來，這碗牛肉麵果真發揮了最大的魅惑效應，若禹的體重很快就下探「九十公斤」的減重大關；自此之後，他更加努力運動，最後褲子的腰圍減少了三分之一，體重甚至降到七十八公斤，目前仍然保持在八十、八十一公斤左右，實在厲害也真難得。

有女萬事足

潘懷宗／

生了兩個兒子後，家裡陽剛氣十足。九年後，太太主動說想生女兒，希望有個女兒陪伴，我聽了嚇一跳！

不過我很愛小孩，太太說要生，當然也認為是好事一樁，於是我也拿出吃奶的力量，盡力配合，女兒若文就在我們夫妻倆的殷殷期盼下誕生了。

「嬰仔睏，一暝大一寸」、「你是阮的掌上明珠，抱著金金看；看你度晬，看你收涎，看你底學行，看你會走，看你出世，相片一大疊」……每當聽到這類兒歌，我的腦海就會浮現若文嬰兒期流口水、咯咯笑、跌倒時嚎啕大哭的模樣，然後是她戴著方帽，從幼稚園畢業的成長畫面……

奇妙的是，我對於兒子的成長印象有些模糊，或許是因為他們都長大了，而且老大又比女兒大十歲，記憶漸漸淡忘。女兒的出生，正好彌補了兩個兒子長大成人後的空巢期缺口。

女兒是掌上明珠

有人問我，三個兒女之中最疼誰？雖然手心手背都是肉，一樣都疼，但是我不得不承認，我這個做爸爸疼女兒多一點。

爸爸疼女兒是天經地義的事，老來得女的我更是如此。從女兒出生開始，她就是掌上明珠，她的一顰一笑，都牽動著我的情緒。

以前還沒生女兒，看到別人家的女兒向爸爸撒嬌的模樣，會覺得很羨慕，但又不真實，捕捉不到女兒貼近自己的那種甜蜜感。等到自己抱女兒，她身上的氣味混著我的體味，用稚嫩的嗲聲跟我說話時，「女兒就是要疼」的感受竟是如此踏實。

如今，女兒已經是青春期的大女孩了，她的撒嬌還是一如往昔，還會用哭功來表達情緒。只要她一哭，我就會立刻豎起白旗投降，什麼都是以「好、好、好」回應，無法狠下心來，拒絕她的任何要求。

老大若承高中時喜歡養魚，後來愈養愈大，怎麼看魚缸都覺得魚缸好擠、好小，他跟我講了好幾遍，要我幫他換一個大魚缸，我就是不肯，理由是能用則用，若承為此還不高興了好久。

後來輪到女兒養兔子、養狗，把家裡弄到走味、走樣，我都很難得對她說一句重話。女兒養的黑狗會亂咬桌角，我也坐視不管，讓若承心裡很不是滋味，埋怨爸爸不公平，太偏心妹妹了。

說實話，我最怕女兒哭，她一哭，我就方寸大亂，一亂就沒轍了。

有一次，我帶女兒到日本沖繩旅遊。住進酒店後，我問女兒要吃什麼？

她說：「吃麥當勞。」

那時外面氣溫很低，我哄她說：「樓下有便利商店，吃別的好嗎？」

看到她一副眼淚就快要飆出來的模樣，我只好立刻高舉雙手投降。

我不忍心讓女兒跟著我外出，所以一個人走了好遠的路，最後找到了一間麥當勞。雖然全身都凍僵了，但看到女兒大口吃著漢堡的滿足表情，我的心都暖了！

有句話說「女兒是父親上輩子的情人」。有了女兒後，我這個做爸爸的才懂得，跟女兒之間微妙的相處，似乎比太太還要更像情人。

議會同事侯冠群聽說我回家的第一件事，就是用眼神搜尋女兒的身影，於是笑我疼女兒疼到無法無天。後來，他和李彥秀議員結婚、生了女兒侯怡寶，居然比我還要寵女兒。他向我告解：「潘議員，我終於能體會你寵女兒的心情了！女兒實在太可愛了！」

「寵」這個字很妙，原本的意思是「尊崇」，代表「寵」是不能高過寶蓋頭的，一旦龍跳過了頭，往往會變成寵愛無限，如果變成溺愛就不好了。

我是一個「寵」愛兒女的爸爸。**寵愛，並不是對孩子無法無天地溺愛，所以我寵得快樂，小孩也很開心。**

因為寵愛孩子，除了日常所需，我偶爾還是會私下塞給孩子零用錢，所以，不論是孩子放假回台灣，或是我去美國探望孩子時，老婆都會忍不住告誡我：「要控制，要控制，不能再給了！」

我們夫妻倆其實很清楚，寵孩子是表面的愛，真正的愛是刻著關心度數，就像很多家庭裡的冰箱，上面畫著小孩的身高線，看起來是身高，可是每成長一公分，其中包含的更是父母親無所不在的關心，這種緊密的情感度數會幫助孩子逐漸長高、長大，逐漸變得成熟。

任由女兒的飲食自由發展

在電視螢光幕前，我不時宣導健康理論，提倡吃得健康、營養均衡；在小孩面前，我也會有所要求，但是不會強迫。我認為，**吃東西開心的重要性大於吃什麼；如果吃得不開心，吃得很彆扭，對身心發展反而不好**，所以，我不會去限制孩子吃什麼。

如果女兒打電話給我，說希望我買麥當勞漢堡回家，偶爾我也會去買，連我的助理都覺得很奇怪，不是常說「每天五蔬果」，怎麼還會幫女兒買速食餐呢？

這就是養生六大招之一：維持快樂的心情比起正確的飲食，排序在更前面。好友藍心湄覺得若文吃得有點胖了，稱她是「小胖妞」。女兒的飯量的確很驚人，很能吃，念小六時就長到一百六十四公分，是班上第二高的學生，只輸給一個男生。現在國二了，外型看起來卻已經像個大學生，身高接近一百七十公分。

奶奶是家裡的食神，超會做菜，看到一家子開心地吃著自己親手煮的料理，讓她很有成就感。但她有個苦惱，有時會跟我嘮叨說：「你要我煮少油、少鹽的菜，孫子不愛吃，他們喜歡原本的口味，現在要怎麼煮，我不知道啊！」

其實，我更在乎孩子吃得開心這件事，偶爾他們還是會吵著要吃一些炸物、油脂量多的食物，我會用「大數法則」盡量滿足他們，不是餐餐吃，每餐吃，偶爾吃得開心，滿足一下心情，其實也並不為過。

相依相黏的母女

潘師母／

有了兩個兒子後，奶奶跟我說，最好生個女兒比較貼心，我自己正好也想要有個女兒，結果真的如我所願，在我三十五歲那年生下了若文。還記得生女兒之前，我去醫院做羊膜穿刺檢查。當我看到 xx 染色體時，就很高興地打電話給先生說：「我看到的是 xx 染色體，會生個女兒。」

先生居然跟我說：「他們一定是檢查錯了，應該是 xy 才對。」

我急著跟他說：「你閉嘴啦！就是女兒。」

當時，先生希望能再生一個兒子，後來他才體認到，女兒實在太可愛了，常跟我說：「當初生女兒的決定實在太棒了！」

小女兒若文跟哥哥若承整整差了十歲，我和先生都暱稱她為「妹妹」。雖然老大若承結婚，老二若禹在美國念書，但我並不覺得孤單，因為我和女兒若文經常黏在一起。我跟若文這種甜如蜜的情感，是從小就培養出來的，因為我照顧她的時間較多，所以不管是母親節、我的生日或是其他值得紀念的日子，她都會畫一張卡片，上頭寫著「I love Mom」。

有一年我生日，若文寫了一張紙條，上面是「I love Mom」，我看了好高興，就跟先生說：「這張紙條要好好留起來。」我先生卻淡淡地說：「這種紙條她寫很多了，不用特別留，如果哪天她寫了『I love papa』，妳就要好好保留下來了！」我立刻回他：「喔！如果她寫了『I love papa』，應該是不小心寫錯了，因為從小到大，她都是寫『I love Mom』，從來沒有寫過『I love papa』。」

當然，我先生聽了很是吃味。

遇到母親節，若文想請我吃飯，我先生會跟她說：「妹妹，我幫妳出錢。」她立刻搖頭說：「不行！不行！我要用自己的零用錢請媽媽。」

在她心中，媽媽的地位是誰也無法取代的。每天早上，我先生會準時開車送若文去上學，但她很希望是我送她上學，尤其當我有特別休假時，她就會很高興地跟我說：「那妳明天會送我上學囉！」但我常常因有事纏身，只能跟她說：「喔！沒有……」她會緊接著說：「沒有什麼？沒有問題？」

看到她一臉期待的表情，我原本想的「沒有辦法」，也只好改口成「沒有問題」了。

和女兒抱抱、玩遊戲

女兒小學時，下了課回到家，常常會跟我說要「抱抱」。

我們的「抱抱」不是擁抱，而是妹妹先躺在床上，我再用助跑的方式，直接撲在妹妹身上，類似嬉鬧式的「抱抱」；每次「抱抱」時，整個房間裡都會充滿我們倆的笑鬧聲，那實在開心得不得了。偶爾，我先生會被我們快樂的笑聲給吸引，也希望自己能加入我們的「抱抱」行列，可是，當他撲過來時，我們倆就會一哄而散，躲得遠遠的。這個「抱抱」，是我跟若文之間專屬的遊戲。

週末晚上是我們的親子時間。若文還小的時候，我跟先生會把她的床搬到我們房間，進行講故事比賽，或是用英文講童話故事。若文很調皮，常常遇到很難翻譯的字句，就用中文帶過，比方她會說「ㄨㄟㄨㄟ smile」，因為不會講微微的英文，她就直接用中文翻譯，讓我們笑到不行。有時，我們三個人還會一起躺在床上，進行文字接龍遊戲。例如，我會先發難說「扇子」，下一位就要根據「子」字接下去，也許是「子路」或「子孫」。每次，我都會與若文聯手，讓先生答不出來；或是故意出一些很難接的詞彙來考倒他。當然，成為輸家的爸爸要接受懲罰，於是，我就將他架住，不准他亂動，然後任由妹妹搔他癢，以此做為處罰，一家人笑到流眼淚、肚子痛。

和女兒摟腰一起念書

我與女兒若文的感情非常好，她做功課時，常常要求我坐在她旁邊，而且要摟著她的腰，陪她一起念書。通常她念書時，我剛好也正在忙，可是她一撒嬌，我就

感情融洽的母女倆。照片為潘師母帶小學一年級的若文購買生日禮物，照相者為潘懷宗。

投降了！只能一手摟著她的腰，一手做著手邊的事。

她還會在我的筆記本上寫著：「媽媽，我好愛妳！」

當我打開看到時，心裡好溫暖，這就是若文的貼心之處。

因為工作的關係，我常到大陸出差。出門前，若文常會撒嬌地說：「妳一定要早一天回來，就算訂最晚的那班飛機也好，我一定會等妳的。記得要買 one direction（一世代，英國男孩團體）紀念品、Hello Kitty 化妝包、英國風的梳妝包，我要看到這些喲！」

所以，我會特別訂晚上八點的末班機，回到家時往往已經晚上十一點五十分，真的很累，但每次她都一定會等我回到家，跟我抱抱之後才肯上床休息。看到若文興高采烈的表情，所有的疲累都一掃而空了。

女兒愛吃，尤其她很喜歡吃天母某家西點麵包店銷路很好的草莓吐司，常常要用電話預約才能買到。有好幾次，我很想買給若文吃，但因為工作忙碌忘了訂，或是打電話訂購時已經賣完了。有一天，我終於訂到一袋草莓吐司，馬上打電話跟她說：「妳知不知道媽媽訂了什麼給妳？」

她說：「不知道。」

我一個字一個字說：「妳愛吃的草莓吐司。」

她高興到不行，拚了命在電話另一端大聲叫著：「耶！」

那天晚上，我們母女倆享受著果香四溢的吐司，十分開心。她還特別留了兩片吐司，說留到明天給我吃。

第二天，我接到她的電話，她以難過的口氣說：「媽媽，我今天不 happy！」

「怎麼啦？」我馬上問。

「爸爸把剩下的兩片草莓吐司吃了，我想要留給媽媽吃，可是爸爸說會壞掉，所以吃掉了。」若文難過地說。

「沒關係，過兩天媽媽再幫妳買。」我立刻安慰她說。

看到我們母女之間的親密互動，我先生好羨慕，也希望能夠得到女兒哪怕多一分的關愛。

從小到大，先生都很喜歡跟我「搶」妹妹，常常要抱著她、逗她玩；以前還小的時候，妹妹會和他玩，念國中之後，她反而不願意了。他常會打電話給女兒，撒嬌地跟女兒說：「爸好想妳、好愛妳啊！」沒想到女兒卻回說：「這種肉麻話在語音信箱裡說就好了吧！」所以，我常開玩笑地對我先生說：「只要女兒愛爸爸就夠了，不要再跟我『搶』女兒了！」

獨享女兒飯菜香

我先生是一個不愛囉唆的父親，不會整天嘮叨個沒完沒了，對待孩子永遠都是「Yes!Yes!」，絕少是「No!No!」。他唯一要求孩子的是生活規律有序，像妹妹吃完的碗盤、杯子如果直接放在水槽，他就會說話：「妳不可以什麼事都不做，至少這些東西要自己弄。」

到了晚上十一點，妹妹如果還在趕功課，跟爸爸要求的「不可以太晚睡」原則有所牴觸時，爸爸就會說話了：「功課一定要事先規劃好，這樣子不行！」妹妹聽了，就知道爸爸在要求她，立刻乖乖照做。

若文的自我管理不錯，念書很自動。她雖然愛看電視劇，但不愛玩電動，上床時間到了一定會上床睡覺。

爸爸下班、妹妹放學的時間都比我早，妹妹就會到廚房煮義大利麵或熱菜給爸爸吃，飯後還會替爸爸削水果。她進廚房的條件很酷，就是不准爸爸到廚房裡頭東看西看。

女兒是電視節目《食在有健康》的忠實觀眾，會在家裡煮詹姆士的料理給爸爸品嚐，至少煮過十幾道料理，讓我先生豎起大拇指稱讚，還滿足地說：「好吃得不得了。」但是，妹妹不會做飯給我吃，我問她：「為什麼媽媽沒有飯吃？」這是因為她知道我會做飯，而且又想吃我做的菜，所以她常常跟我說：「妳來弄啦！我也吃吃看。」

女兒若文的食慾很好，以前跟奶奶住在一起時，一放學回到家，她就會急著跟奶奶說：「奶奶，奶奶，我好餓喲！」奶奶會先弄一些點心給她吃。等到晚上六點鐘，奶奶將熱騰騰又美味可口的晚飯端上桌後，她的胃口會立刻大開，然後又再飽餐一頓。等到我下班回到家差不多八點，看我吃著晚餐，她又來「搶」我的菜吃。

睡前，她又會跟我說：「媽媽，我肚子好餓喲！可不可以吃消夜？」

國中二年級的她身材很好，身高接近一七〇公分，至於體重是她的秘密，不能講。

看著女兒豐腴的體格，爸爸很開心，覺得是遺傳到媽媽的「土雞」體格，絕非「飼料雞」。

我在鄉下長大，又喜歡運動，體型算魁梧，力氣也不小。念北一女的時候是樂儀隊的隊員。那時，老師選樂手時，會先讓每個人伸出雙手給他看，老師摸摸我的手說：「妳的手夠粗，適合吹低音大喇叭，力氣也夠大，可以將樂器抬起來。」所以選我擔任大喇叭的樂手。看到女兒長得和我年輕時很像，還遺傳了我的體格，我自然覺得十分欣慰。正值成長階段的她只要吃得下，就讓她好好吃吧。

潘若承／

妹妹是家裡的寵兒

妹妹若文小我十歲，是爸媽的心肝寶貝；妹妹說什麼，爸媽從來都不拒絕。我也很疼妹妹，但不會寵她，而是會教導她什麼事情該做、什麼事情不該做。

在妹妹還小的時候，媽媽被公司派駐到外地出差，大多時間都由爺爺、奶奶、爸爸及我輪流照顧她。我還記得，那年她才兩歲，每當她哭鬧不休，我就會揹著她到操場上走走，整整揹了一年。

那時，我跟爸爸說：「不要等我大學畢業後，還要由我帶著妹妹上、下學。」

沒想到，這句話還真的應驗了！

二〇一二年，我大學畢業，妹妹也升國二了，回台灣申請研究所的這段時間，就是由我負責接送妹妹下課，上學仍由我爸爸負責。

印象中的妹妹很小，但她現在已經是身高接近一七〇公分的小大人了。在我的眼裡，她卻還是一個怕生的小女孩。

我跟妹妹感情不錯，只是相差了十歲，很多事情還是聊不起來。若禹也不知道該怎麼跟妹妹聊天，通常用罵的還比較多，他一罵，若文就會哭；然後爸爸會很捨不得，我就只好在中間打圓場。

我們一家人的相處，就像一個食物鏈，一物剋一物。爺爺在世時很寵若禹，若禹一哭鬧，奶奶、爸爸、媽媽和我鐵定會被爺爺狠狠罵一頓。現在，爸爸、媽媽很寵若文，所以若文一哭，他們倆就會忙著安撫。

看在我眼裡，也不能說不好，但總覺得哪裡不對勁，我努力保持中立，也常會跟若禹及若文說些人生大道理，讓他們了解，做任何事情都要有所節制。

全家人外出用餐時，小若文必須被放在兒童椅上才不會亂跑，疼愛妹妹的若承高興得和若文玩了起來。

潘師母／

女兒的寵物

若承喜歡動物，若文從小耳濡目染，也對動物產生了好感，很想養一隻狗來陪伴自己。若文小學時，我們還住在公寓裡，養狗根本不可能，只好挑選其他的動物。有一天，我先生心血來潮帶她到士林夜市逛，她看中身軀嬌小的迷你兔，直呼：「好可愛、好可愛！」老闆乘勢說：「買隻迷你兔吧！牠長不大，可愛又好養。」

「兔子不像狗狗，經常需要帶出去遛，而且養在家裡就可以。」

於是，父女倆歡天喜地將迷你兔和籠子買回家。結果，迷你兔一天天長大，體型比一隻貓還大，連籠子都快要裝不下了。有天，我先生和若文又去逛夜市，她又跟爸爸撒嬌：「我還要再養一隻兔子。」之後他們又抱了一隻兔子回家，我看到之後真是頭痛。買的人高興，累的卻是養的人，到底誰來養呢？當然是我跟奶奶了。

雖然養兔子比養狗簡單，但是兔子尿尿超臭，味道很不好聞，必須常常清理，真的很累。後來，我外派到大陸工作，沒有辦法照顧這兩隻兔子，就由奶奶接手飼養。

奶奶飼養到後來也累到受不了，就問幼稚園要不要收養兔子？幼稚園園長答應了，兩隻兔子因此換了新家，成了幼稚園的校兔。可想而知，若文怎麼可能把自己的兔子送給別人呢？原來奶奶跟她說，兔子生病，不幸往生了！讓她哭得好傷心。

小黑狗狀況百出

搬到有小陽台的家之後，一直很想養狗的若文總算可以一償宿願。

於是，我們到台北內湖區的市立流浪動物收容所，認養了一隻本來要執行安樂死的黑色小狗，若文很詼諧地給牠取了一個名字，叫「小白」。將小白認養回來後常常出狀況。牠將新家的家具咬得滿目瘡痍，幾乎沒有一件家具是完整的，爸爸還曾經為了這件事說了若文一頓，但一看到她掉淚，就不再多說什麼了。

若文常邀同學來家裡面玩，其中一位和她要好的同學家裡開家具店，她看到我們家的家具慘不忍睹，就跟我說：「潘媽媽，如果你們要換家具，可以打電話給我爸爸，他會算你們便宜一點。」

這隻兩歲的土狗活力充沛，家具都快要不夠牠咬了。活蹦亂跳的牠連捷運卡也不放過，咬得亂七八糟，只是序號還留著，可以到捷運服務台，查出還有多少儲值金額，所以，我就跟若文討論：「誰要去退？」兩人爭論不休，最後決定帶著小白一起去，萬一服務員的眼神有點疑惑時，就可以指著小白說：「牠是兇手！」

小白經常惹事生非，又製造很多髒亂，但牠在我們家的地位相當崇高，動搖不得。我跟先生曾經討論過要不要把牠送到外公的鄉下家裡，若文當然不肯。若承的說法是，既然領養回來了，就要盡到照顧的責任，怎麼可以把牠送走？若禹一向不管家裡動物的事，但與小白相處久了，也有了感情，有時也會帶牠去慢跑，聽到我們的討論，他也表明不能把小白送走，否則寒暑假他就不回來了。

反對票數獲得了壓倒性勝利，小白繼續留在家裡。只是，照顧狗的任務最後還是會落到我身上，每天早上我要出門遛狗；到了晚上，大部分時間也都是我帶著小白到公園四處走走。我想，小白還是跟我最有緣吧！

2 PART

做一個瞭解與尊重孩子的父母

潘懷宗／

陪伴孩子快樂成長，是父母最起碼的責任

人前侃侃而談，在家說不上話

身為台北市議員的我，自然會被歸類為話多的人。由於在電視機螢光幕前，我總是那位侃侃而談的潘老師，因此，說我在家裡是個沒有聲音、用心傾聽的人，大概任誰也無法相信吧。但對於孩子，我真的是個無聲的爸爸，只有全心全意在為他們付出。

想想看，一個身為教授、老師及民意代表的人，怎麼會在家裡說不上話呢？我認為，往往角色不同時，就有不同的表現，再加上在外頭話說得多了，回到家裡，聆聽老婆與孩子們訴說生活的點點滴滴，反而是種享受。透過這樣的聆聽，我得以分享他們生活的酸、甜、苦、辣，了解他們的內心世界。我常跟很多人說，當你決定生孩子時，就必須負起責任。做父母是一輩子的責任，但其實這份責任很甜蜜，看到孩子們成長，自己也會開心；甚至也會在這個過程裡學到很多東西。

我的住家有個小閣樓，太太、女兒常會窩在樓上，享受她們母女倆的溫馨時刻。這時候，樓下的我就變得有些多餘，擠不進她們的兩人世界，而我最大的用處，就是「供她們使喚，服侍她們」。

有時候，女兒想喝水，就會對著樓下的我大聲說：「潘博士，Room Service, Please!」有時候，老婆也會張開喉嚨，請我幫忙拿東西。

一聽到她們的召喚，我就會立刻倒水或是拿東西上樓。我心想，就這樣動一動，不僅能夠增加親子關係，甚至還可以多活幾年，何樂不為呢。

在與朋友閒聊時，我偶爾也會抱怨一下：「在家裡，我好像都在服侍她們。」表面上聽起來會像發牢騷，但其實內心甘之如飴，這就是我們一家人的相處之道。

「寄人籬下」的書房

對我而言，白天的工作其實相當忙碌。我除了在多所大學教課之外，一週有五天的中午時間，必須進棚錄影兩小時，同時，還有大量市民服務的案件等著我處理。因此，最開心的事情，就是深夜一個人靜靜坐在書房裡，喝上幾口好茶，看幾本好書，沒有人打擾。

我是一個愛看書的人，大學時代常跑東吳大學的圖書館，大部分是看醫藥方面的專業書籍，或是歷史、勵志書，像中國通史、《東周列國志》、《宋史》、《明史》、《清史》等都熟讀了好幾遍。近年來，我擔任醫療節目主持人，更需要時時研讀醫學相關研究論文，透過看書和閱讀醫學期刊來吸取最新知識。

平常我都在書房裡看書，這間書房不大，約莫三、四坪左右，原先可是老大若承的房間。

以前，我們一家五口住在權狀三十二坪的房子，室內空間狹小，家裡的餐桌就是我的書桌，堆滿了各式書籍、資料，每次一到了吃飯時間，就必須挪開資料、整出空間來，說來其實相當費事。在極力爭取後，我和太太換了一間較寬敞的房子，勉強規劃出四個房間，一間主臥室，三間小孩房，雖然居家空間變大了，我卻還是沒有自己的書房，依舊把餐桌當書桌使用。等到若承到美國念大學後，我見房間空著，就到他的房裡看書，慢慢它就變成我的書房了，嘻！

寒、暑假兒子們回家，我非常高興，但一想到自己又得回到餐桌上看書，多少也有些惆悵。不過，若承很貼心，二話不說就將原本屬於自己的臥房「讓」給我當書房，自己搬到隔壁的奶奶家住。

對我來說，擁有自己的書房是一件很奢侈的事，但是，能將若承的房間當作書房使用，意義又不同了，裡面蘊藏著父子之間的責任與關愛。感謝我的兒子。

全家出遊是奢求

自從兩個孩子到美國念書以後，家裡變得冷清許多；農曆春節時，美國大學沒有放假，孩子們無法回來。到了除夕夜，我的母親還是會準備年夜飯，不過心裡的感覺就是不一樣。

這幾年下來，我對一家人不能好好聚在一塊吃年夜飯，也已經看開了，我只希望全家人有機會能夠來一趟三天兩夜的旅遊。若承已經跟我講了好多次，可是，無論大家怎麼喬時間都兜不起來；開學時孩子們沒時間，到了暑假期間，兩個孩子回台灣，換成我和太太排不出時間來。但我相信不久之後，一定會有機會可以實現這個家族旅行。

從養育孩子的過程中，我體會到**孩子很快就會長大，他們會有自己要走的路，不會一輩子跟隨著父母**。當孩子還在身邊時，做父母的應該把握這份難得的時光，好好地和孩子相處。

和孩子相處的時間有限，最重要的是陪伴他們快樂成長。圖為潘懷宗帶著兩個兒子參觀植物園的合影。

我的個性不拘小節，跟三名子女相處起來就像朋友一樣，親子關係也沒有太大的隔閡。我認為，**陪伴孩子們快快樂樂成長，是父母最大的責任，也是最大的快樂**。

我們都是白臉

潘懷宗／

很多人都知道我脾氣好，有耐心，當孩子搗蛋了，第一次我會試著開導，即使無效，我還是不會出口責罵他們，而是會嘗試第二次開導。這是我關心孩子的另一種表現。

在中國人的家庭裡，管教孩子時，通常是爸爸扮黑臉，媽媽扮白臉，但在我家並不是如此。我和太太很少罵孩子，一切都以愛為出發點，根本不用誰來扮白臉，因為，我們通通是白臉，只是白臉有分「全白」及「米白」。我絕對是「全白」臉，老婆則是「米白」臉。每次，老婆罵不贏小孩，就會跑來罵我，我還真是無辜，成了受氣筒、出氣包。

家人的拼圖

我常覺得，**人與人相處跟拼圖很像，總會遇到幾張特別好拼湊或特別傷腦筋的零片**。有些零片，一拿起來就知道位置在哪裡，非常貼契；有些零片卻怎麼兜也兜不起來，當你以為手上拿的零片剛好符合圖案的接合面了，結果又發現，就是無法密合，拼到後來甚至會心浮氣躁起來。

家人相處，其實往往也是如此。例如，若禹有兩種性格，一種是好奇心重、調皮搗蛋的孩子王性格，另一種是感受力特別強，很容易受傷，常需要人哄著的傻孩子性格。他不像若承，性格穩定，可以自行釐清及掌握事情的節奏，需要給他多一點時間，才能與人互動；但他跟爺爺就特別投緣，兩個人之間的相處密合度很高。

記得若禹還小的時候，只要他一哭鬧，爺爺也會跟著心裡不舒服，害得我們一直賠不是，或是只能不停聽著他叨念。

我了解，軍人出身的爸爸脾氣耿直，待他情緒過了，一切就會回復正常。因此，每當出現這種零片拼不起來的節骨眼，我的態度就是全然放鬆，讓爸爸將心中的那口氣完全釋放出來，經過半天、一天，或者哪怕是三天，再去與爸爸講講話，他就能找出符合零片邊緣的「榫頭」和「卯眼」，然後愈拼愈順，最後便可以完成整張拼圖。

零片的凸起和凹陷，稱作「榫頭」和「卯眼」，太太、若承常覺得若禹的零片比較複雜，沒有辦法按照我們的想法，達成理想的密合度，但其實只要耐住性子，一切都能迎刃而解。

若承、若禹還小的時候，我和太太白天都在打拚，因此白天都由爺爺、奶奶陪伴他們一起長大，因此，他們祖孫之間培養出了緊密不可分的情感。老二若禹的性格不全像我和太太，可是跟我爸爸倒有幾分神似。爸爸教養孫子的做法跟我不同，又特別寵愛若禹，將他視為捧在心頭的珍寶，自己捨不得吃的、用的東西，也都會留給若禹。

爺爺、若禹兩個人感情很好，同樣的，奶奶與若承的關係一樣很黏。若承每年生日的第一個願望，一定是希望奶奶身體健康，連若承的太太 Winnie 都能感受到若承對奶奶的愛。

不用說，女兒若文跟太太一樣是彼此黏來黏去的。我在家裡經常扮演著「橋」的角色，讓我們這家人能拼出更完整、更和諧的畫面。

捨不得和女兒分開

潘懷宗／

女兒離家住宿

女兒若文念小六時，我太太將她從台北市立天母國小轉往新店的康橋小學就讀，我其實不是很贊成，但卻無力干涉。由於學校與我們住的天母地區距離非常遙遠，一趟車程要一個小時半，於是便安排女兒住校。第一晚，女兒很不習慣，放學後在電話裡哭得很慘。晚上九點又傳了一則簡訊，語氣可憐地寫著：「爸爸，我想要回家了，我想你們！」我和太太趕緊打電話、極力安慰她說：「不行，妳才住了第一天，至少要先住一個晚上，培養獨立生活的能力。」

聽到女兒哭了，加上一個晚上看不到女兒，我們也很不能適應。隔天早上六點，女兒又打電話來了：「爸爸，今天你一定要來接我回家，我好想你們喔！」

當天晚上，我們將女兒接回，改成搭校車上、下學，繳了幾萬元的住宿費，卻只住了一晚。由於不能退費，後來，我們又跟女兒商量再住兩天看看，或許能適應住校生活。沒想到，住了以後還是不太適應，她又跟我哭訴：「爸爸，你明天一定要接我，我不想離開你們！」第二天，我再去接她回家，並且在女兒的堅持之下，不再提住校的事了。自願退宿不能退費，損失只能自己吞；這畢竟是一筆不小的費用，老婆很心疼。但女兒堅持寧願搭校車也不要住校。每天可以看得到女兒，我也暗爽在心裡。我認為，錢是其次，孩子快樂念書最重要。當初是擔心她每天通車念書太辛苦，才送她去住校，既然這是她的選擇，我們還是尊重她的決定。

一年後，我老婆很心疼女兒每天搭校車念書，又將她轉學回到天母學區就讀。

遊學事件

國一升國二的暑假，若文跟我說，她有好幾位死黨同學要到美國遊學，她也要去。有人陪她一起去美國遊學，我當然舉雙手贊成。

然而，女兒第一次到國外遊學，我多少還是有點不放心。遊學的學費繳了，機票買了，我也去銀行結清美金，讓她帶在身上。整個事情看起來進行得很順利，女兒也順利抵達了美國洛杉磯。

但是，女兒第二天就傳簡訊說：「我要回家，這裡跟我預期要玩的方式不一樣。」一看到簡訊我哈哈大笑，似乎早就預料到她會有想回家的念頭，我二話不說，回傳簡訊告訴女兒：「妳一個人回來，我不放心，一定要找人陪妳一起回來。」

太太知道我的回應後，又是不可思議地皺著眉問我：「要花很多錢哩！開什麼玩笑？」遊學一趟的確花了不少錢，但如果女兒真的想回台灣了，我還是會同意。我雖然心疼這一大筆錢，可是我又不希望看到女兒若文不開心，所以給了她「想回來就回來，但一定要有人陪」的即時回覆。

還好，女兒那個週末在迪士尼樂園跟同學玩得很開心，又不想回家了，我繳的錢因此也才沒有白白浪費。這一次，女兒總算長大了一些。

最愛陪女兒旅行

雖然我很疼愛女兒，但女兒和她的媽媽還是更為親密；太太跟女兒正處於互黏期，像一對親密的姐妹花，太太經常抓著女兒不放，女兒又喜歡跟媽媽談心，讓我很吃味，為什麼女兒跟媽咪就有這麼多話可以聊，卻常常只跟我聊一半呢。

我常有一股隨時會被女兒給甩掉的危機意識：「現在女兒還願意跟我出去，再大一點的話，可能就會對我說：『爸，我很忙，不能陪你了！』」

很多人安慰我說：「等她再大一點，就會再回頭黏爸爸了。」

我真心希望如此。

雖然我平日工作忙碌，但每年寒、暑假，都會特別交代辦公室的陳主任，請他替我挪出一段時間，跟女兒安排約三天二夜的旅行。我們有時去日本，有時去香港，也去過韓國。在這些旅行的時間裡，沒人會打擾我們，我可以牽著女兒的手逛大街、玩遍各種遊樂設施，一路上跟她聊天，是我和女兒的甜蜜專屬時光，讓我感覺非常愉快。

四格漫畫的思念

潘師母／

在小女兒若文七歲那年，我被公司外派到上海工作三年，每兩個月才能回台灣一次（約七天）。

第一次回來，只短暫停留幾天，我又必須收拾行李回上海。沒多久，我先生打電話來跟我說：「妹妹畫了一張四格漫畫要送給妳。」漫畫封面畫了一個好大的紅心，上面用紅色原子筆寫著「愛媽咪」，封底是一個長方框，裡面用鉛筆畫了一顆空心的心型圖，寫了「愛妳」，右下角署名為「若文上」，還押上日期：2006／9／20。

漫畫是描述一隻小羊離開了羊媽媽的傷心故事。

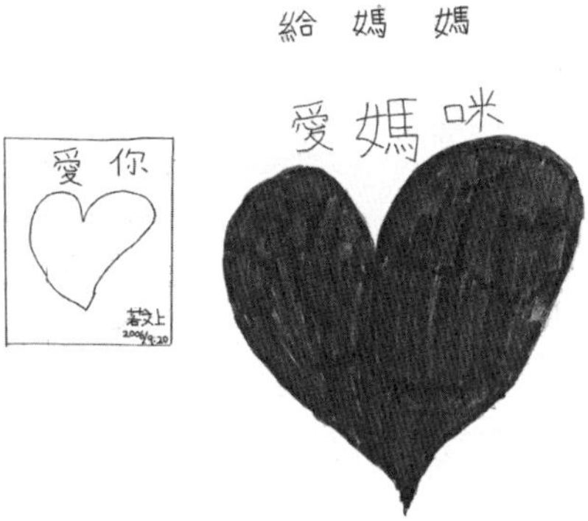

第一格漫畫是彩色的。圖：羊爸爸、小羊站在房門口。羊爸爸說：「不要走！」羊妹妹流下了二滴眼淚。羊媽媽手拎著兩個手提箱，說：「不行！」

文字說明：ㄘㄨㄥˊ前有一家三口的羊家，可是有一天，羊媽媽要出ㄔㄞ，所以ㄓˇㄕㄥˋ下了小羊和羊爸爸了。

第二格漫畫是黑白的。圖：一張桌子，面對面坐著羊爸爸、小羊，兩個人的表情很沮喪。小羊說：「媽咪不在。」羊爸爸說：「對阿！」

文字說明：第二天早上……………「黑白世ㄐ一ㄝˋ」。

第三格漫畫是黑白的。圖：一張桌子，小羊站了起來，哭得好傷心，左眼掉了七滴一長串的眼淚，右眼掉了六滴一長串的眼淚。爸爸一臉不知該如何是好，安慰道：「不要再哭了！」

文字說明：第三天中午……………「黑白世ㄐ一ㄝˋ」。

第四格漫畫是黑白的。圖：一張桌子，桌子上放了一支電話，小羊好開心喲！

文字說明：（請ㄅㄤ ㄇㄤˊ著色）第四天早上……………你ㄘㄞ小羊ㄗㄣˇ麼會ㄓㄜˋ ˙ㄇㄛ開心，因為媽咪回來了！

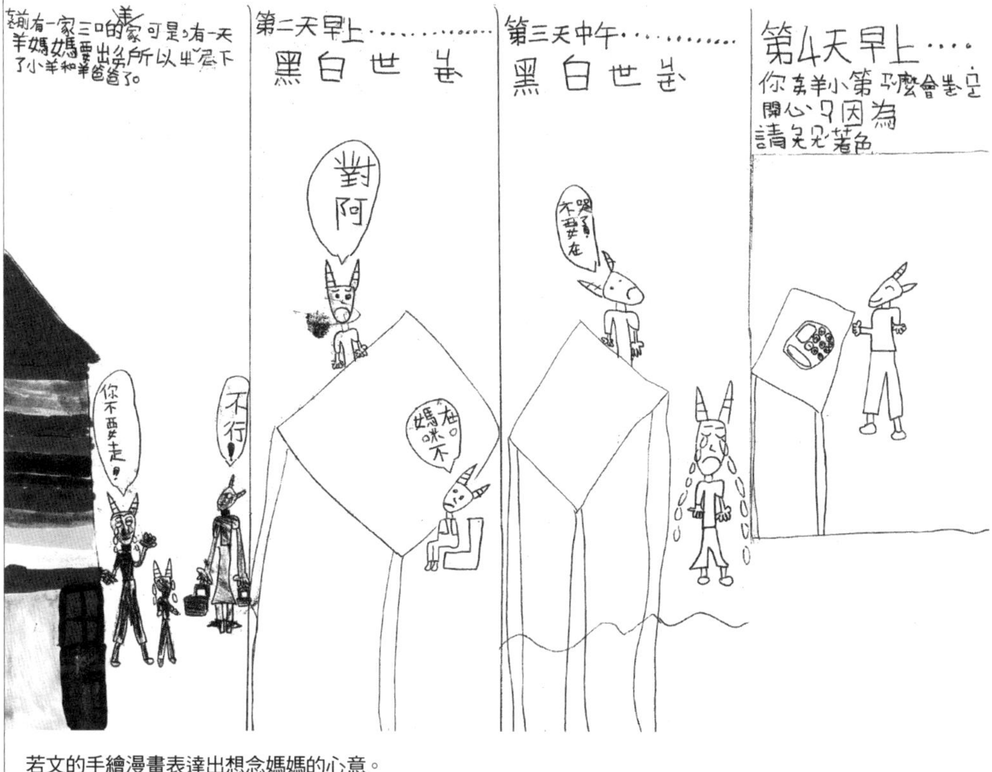

若文的手繪漫畫表達出想念媽媽的心意。

當先生跟我講起漫畫的內容時，我的心裡又是高興，又是難受。那時，妹妹才剛上小學一年級，正是需要媽媽陪伴在身邊的時候，我卻必須要到外地工作。年紀尚小的她不知怎麼表達自己，所以只能用漫畫來宣洩自己難過的心情。後來，爸爸拿這幅漫畫給我看的時候，我的眼淚也掉了出來。我緊緊抱著妹妹，為自己不能陪她成長感到非常懊惱。這幅漫畫我一直保存到現在。

台北、上海連線的一千零一夜床邊故事

《一千零一夜》，說的是生性殘暴的山魯亞爾國王的殘忍行為。為了報復王后行為不端，每日他都要娶一位少女，翌日清晨又將她們殺掉。宰相的女兒山魯佐德為了拯救無辜的女子，自願嫁給國王，開始用講故事的方式來博取國王的興趣。每夜，講到最精采的地方，天色也正好亮了，國王不得不等到第二天晚上，繼續讓她把故事講下去，結果講了一千零一夜。

或許是《一千零一夜》童話故事給我的靈感，從那時開始，我和若文之間搭起

了一條從台北到上海的「說故事」專線。每天晚上，我會先打電話回家問若文：「今天過得怎麼樣？」再跟她說，等她洗完澡、要上床睡覺時，再打電話給我。妹妹每次在電話裡聽到我的聲音，總是先撒嬌，然後便靜靜聽我講半個小時的故事，也不時會問「為什麼？」，還會跟我討論故事的情節。常常，講到她不出聲了，似乎快睡著了，我才會跟她說晚安，然後掛上電話，她就會很快且安心地入睡了。

為了講故事，我特別去書局買了整套童話故事書，買到書架上的書都排滿了，還不夠講。整整講了三年的床邊故事，最後，連我自己都忘了曾經重複講過同樣的故事，若文還會提醒我：「媽咪！這個我聽過了！」

「是嗎？那媽媽再講一遍，用不同的語氣講好嗎？」

「好！媽媽，我有跟同學說，妳每天都會講故事給我聽喔。」

有時候，女兒還會撒嬌地說，同學們都很羨慕她有一個那麼會說故事的媽媽。

《一千零一夜》故事的收場是國王終於被山魯佐德給感動，而且與她快樂地攜手到老。即使隔著遙遠的距離，我們沒有辦法看到彼此，但靠著電話連線，我也陪著女兒一起成長，她也給了我獨自在外地打拚的勇氣和力量。

距離的藝術

孩子快不快樂，和他們跟父母的距離雖然有關，但卻不是絕對，關鍵在於心態。我和女兒若文就是典型的「心理零距離」。從現實的空間層面來解釋，我們一個在台灣，一個在上海，相隔其實非常遙遠，可是透過電話連線，又能將兩個人的距離拉得好近。

所以，**教養的距離不在公里數，而在心與心之間**。我相信，只要家長與孩子雙方能心連心，一樣能達到教養的目標和共識。

奶奶好廚藝，餵養一家人的心

潘懷宗／

五湖四海的菜色，都難不倒潘奶奶

有首歌說「世上只有媽媽好，有媽的孩子像個寶」，對我來說，我的母親就是我心目中的「神力女超人」；為了孩子的成長，她把自己鍛鍊成一個擁有十八般武藝的百變媽媽，什麼事都難不倒她。我最讚嘆的是媽媽擁有一手好廚藝。這裡說的媽媽，就是孩子們的奶奶。曾經，有個節目製作小組知道潘奶奶燒了一手好菜，特別邀請潘奶奶上節目處女秀，烹煮了幾道好菜，竟然出乎意外，獲得很不錯的收視率。有時候，明明是很普通的食材，當她擺上餐桌，鐵定變成好吃到不行的佳餚。

我們一家人都愛吃潘奶奶親手做的菜，就連好友、同事也都讚不絕口。潘奶奶的手藝，擄獲了不少死忠粉絲的胃。我常跟大家說：「潘奶奶的料理，混合了五湖四海的氣息，可以說是時代變遷的鐵證。」

五〇、六〇年代的台灣是個物資缺乏的貧困年代，我生長在一個不算富裕的家庭，潘爺爺在情報局汽車隊擔任司機，薪水微薄，收入往往不夠家庭的開支；潘奶奶為了幫忙養家，必須辛勤地四處打零工貼補家用。她有一段時間在餐廳工作，因此學會了各式料理。我們家的餐桌上，不是只有爺爺愛吃的牛肉麵、醡醬麵、滷牛肉、水餃等家鄉味，就連江浙人愛吃的甜酒釀、芝麻湯圓，奶奶也都端得出來；年節要吃的臘肉、香腸、年糕、蘿蔔糕、發糕，她也都親自下廚做，樣樣不假手他人。現在，奶奶已經八十歲了，還是常親力親為，為全家做出一道道美味的料理。

奶奶是土生土長的本省人，很會煮台灣小吃，米粉湯、麵腸、麵筋、豆包等。後來嫁給隨軍隊來台的爺爺，爺爺是山東人，愛吃山東菜，所以她也跟著爺爺學會了麵食料理。我最愛吃的是我媽媽（潘奶奶）包的水餃、牛肉麵，從小吃到大，實在太好吃了。潘奶奶曾在不同餐廳四處打工，所以學會了中國各省份的菜餚，什麼菜都難不倒她。而且，從採買、醃製、烹煮，她可以一個人全部包辦！任何食材到了奶奶的手上，料理出來的菜色都有屬於「奶奶」的味道，那是別人學不來的。

孩子們吃奶奶的菜長大

奶奶的好手藝，不但滿足了我的胃，就連若承、若禹、若文也都是吃奶奶的菜長大的。我和太太赴美求學時，陸續生了老大若承和老二若禹。剛從美國回來時，我們夫妻倆的工作都很忙碌，抽不出太多時間照顧孩子的生活起居，白天就由爸媽幫忙照顧。我還記得，從早餐、學校便當、點心到晚餐、消夜，都由奶奶一個人準備，很少買現成的食物。

我們一家人每天喝的豆漿是奶奶用果汁機打好豆子、濾過豆渣後，放在鍋子上煮出來的，豆香超濃，口感好。饅頭、包子、水餃則是奶奶用手揉、用手桿、親手包出來的；也就是說，擺在我家餐桌上的美味佳餚，多半是奶奶親手料理的成果。

廚房是奶奶的天下，我們這一家人的胃全都掌握在她手裡，她知道若承不挑食，煮什麼就吃什麼，不用太過操心；但是若禹就不同了，他是一個餓不得的小孩，放學回到家裡就是要吃飯，吃不到飯就會鬧脾氣。若禹一鬧，爺爺就會立刻護著他，開始催促：「怎麼飯還沒有煮好?!若禹餓不得，你們不知道嗎？」大家聽多了，也就見怪不怪了。

通常，奶奶會一邊做飯，一邊看時間，算準若禹放學時再出菜，保證他回到家能吃到熱騰騰的飯菜。若禹最愛吃我媽媽的滷味，像滷牛肉、滷牛腱、滷豆干、滷海帶，由於奶奶知道孫子們吃了這鍋滷味，心情會很開心，所以常常都在準備。這幾年，若承、若禹去美國念書，奶奶輕鬆不少，經常到台北市婦聯會去幫忙，或是出國旅遊，一會到越南、廈門，一會又到澎湖，很會安排自己生活。有時候，連我都找不到她。可是，只要孫子們寒、暑假一回來，香噴噴的滷味立刻又會擺上桌了。

我很佩服我媽媽的是，她早上起床弄好早餐後，人就不見了，可是到了下午四、五點回到家後，她又會很迅速把菜飯全部準備好，等著大家開飯。一看到孫子從外面回來，最常聽到奶奶講的一句話是：「吃飯了沒？」即使桌上還有菜，奶奶還是會頻頻進出廚房熱菜、炒菜，為的就是讓孩子們吃得開心。

我家的餐桌一到吃飯時間，就會擺滿一整桌的菜，誰先回家誰就先上桌吃飯。

奶奶一見到第二個人上桌吃飯，就會將剩下的菜重新用新的盤子盛上，讓菜餚看起來很豐盛。以前，我常跟我媽媽說，「桌上還有菜，不要再煮了！」奶奶裝作沒聽見。後來我懂了，這是她疼愛孫子的方法，她總是希望能讓孫子們吃得盡興。因此，孩子們吃飯時，奶奶幾乎都是不上桌的，她會切好各種新鮮水果，等孩子們吃飽後，自己才坐下來吃飯。也因為家裡總有熱騰騰的菜飯等著，孩子的心也永遠都在家裡面，即使他們再怎麼忙、再怎麼疲累，一吃到奶奶做的菜，就會露出一臉好滿足的表情。這就是家有一老，如有一寶，真是三代同堂，其樂融融。

孩子最想念家裡的好滋味

很多人都羨慕我有一個會做菜的媽媽，也因為潘奶奶燒得一手好菜，讓孫子們念念不忘。若承、若禹赴美念書時，最想念的就是奶奶的菜。每次，一回到家便直嚷嚷要吃奶奶煮的菜，尤其是若承，念的大學坐落在偏遠鄉下，餐館就只有那麼幾家，每天吃都吃膩了！回到台灣後，他天天吃奶奶煮的菜，心裡好滿足。

從小到大，三個兒女中，老大若承最不讓我操心，他很會照顧人，尤其是從小疼愛他的爺爺、奶奶。爺爺在二〇〇六年過世，之後，若承就更黏奶奶了，經常跟前跟後，哄著她、逗她開心。去年若承結婚了，兩夫妻願意和奶奶一起住，就近照顧奶奶，讓我感到很欣慰。

奶奶盡心盡力照顧孫子、孫媳婦，甚至比照顧兒子、兒媳婦還要仔細，每天做三餐給他們吃。每天早上，潘奶奶會早起替孫媳婦準備午餐便當，讓她帶到公司，我這個做兒子的吃不到，還真是有些吃味，於是逢人便說：「我媽對兒媳婦不是不好，可是對待孫媳婦就不一樣了，除了不嘮叨外，簡直疼愛到不行。」

我也知道，這是人的天性使然，做婆婆的，總覺得媳婦是來跟自己搶兒子的，又擔心媳婦沒有好好照顧兒子，所以，我在家裡總是哄著老婆，給她充分的空間。現在，奶奶對孫媳婦 Winnie 可是比對女兒還要疼呢。

感謝奶奶的好手藝，緊緊抓住了我們一家人的心。每每看到媽媽家的那張餐桌高朋滿座，孩子們津津有味地吃著，心裡就有說不出的喜悅。

奶奶無條件地支持清寒學生

從小到大，媽媽就是我的靠山，我做任何事，她都是無條件支持我，而且無怨無悔。有這麼一位好媽媽，我感到何其幸福，何其幸運。

我在陽明大學醫學院教書，經常跟大陸的醫學大學進行學術交流，也常有碩士班或博士班的交換學生來台實習。鼓勵年輕學子上進，是我一貫的態度，在能力所及的範圍內，我一定都盡力協助。我會事先了解這些交換學生的背景，如果有家境不是很富裕的學生，就會安排一、兩位學生到奶奶家住。一開始，我不敢奢求媽媽會接受，可是，當我提出這個要求時，她二話不說地支持，讓我非常感動。

奶奶從來不問我，為什麼要讓學生來家裡住，也不問我，他們要不要支付房租，而是一貫地照單全收。她將這些孩子視為自己的孫子，除了照顧他們的起居以外，還會煮飯給他們吃。在奶奶身上，我看到了寬大的胸襟，她全心全意地付出，也讓我沒有後顧之憂，可以繼續支持這些莘莘學子。

以前，我跟媽媽住在一起，後來孩子們長大了，我們的經濟能力寬裕一點時，就在老家附近買了另一間房子，走路只要幾分鐘就到了。有時候我工作忙，兩、三天沒能去探望她，她就會跟助理叨念：「懷宗到底在忙什麼？怎麼都沒時間來看我呢？」我心裡很清楚，這是媽媽在跟兒子撒嬌呢。哪怕就是看了兒子一眼，她的心裡都會覺得很踏實。

在我小時候，物資貧乏，逢年過節若有人送禮物來，全家人都好開心。通常，禮物都是由爸媽打開來看，我們幾個孩子便會圍著禮物，興奮了好久！這幾年，我們搬到隔壁新家住，送到奶奶家的禮物少了，讓她覺得家裡多少有點冷清，似乎沒有從前那麼熱鬧，於是，她又跟助理嘮叨：「怎麼禮物變少了！」

我知道，媽媽喜歡逢年過節拆禮物的感覺，那是一種濃濃的人情味，如今，她不能再享受拆禮物的喜悅，總會多少有些失落，而我也能體會老人家的心，逢年過節，一定會備妥禮物，讓奶奶開心一下。

潘若承／

生命中最重要的人——爺爺、奶奶

爺爺、奶奶是我的成長過程中，除了爸爸、媽媽外，影響我最深的親人。六、七歲以前，爸媽因為忙於工作，所以把我跟若禹交由爺爺、奶奶照顧，一起住在陽明山。

我和若禹都是由爺爺、奶奶帶大的；跟若禹比起來，爺爺不是不疼我，只是更疼他，而且是疼到了心坎裡。

爺爺疼若禹的狀況是見不得他不開心的。因此，誰若把若禹弄得不開心，他就會跟誰翻臉。像若禹一旦餓肚子就會鬧，他一鬧，爺爺就會生奶奶的氣。

有一次，我帶若禹去外面爬樹，結果若禹跌倒流血，回到家以後，爺爺見到若禹身上流血了，問：「這是誰搞的？」

若禹說：「是哥哥。」

爺爺就抓我進房裡打，一點都不客氣，真的很兇。

星期六、星期天和假日，爸媽通常會帶著我們回家住。有一次若禹一不小心就感冒了，爺爺的電話立刻就打過來，拚命地罵，好像天就要塌下來了一樣！

爺爺雖然兇，可是他仍然是我最愛的爺爺，他是軍人出身，擁有耿直、忠義的道德觀，也深深影響了我。

再見！親愛的爺爺

在我大學時，爺爺不幸往生，但他的身影還是一直都在我的身邊。每次看到若禹，我的腦海就會浮現爺爺當年疼愛若禹的畫面，當然，也包括被爺爺狠狠打罵的回憶片段。

若禹是爺爺最疼愛的孫子，甚至到了溺愛的程度，他看不慣若禹受到任何一點委屈，若禹發燒了，跌倒了，哭了，爺爺就會對家人大發雷霆。若禹也很黏爺爺，所以爺爺過世時，若禹的心理很不能適應，但他很少用言語表達自己內心的感受。〈再見〉一文，是他念高一時的作文。每次看到這篇文章，我的眼角總會有些濕潤，他與爺爺間互動的情景也會一一浮現於腦海。他們之間的情感是如此深厚及緊密，而且看得出來，他對於爺爺的老去和離世有多麼不捨，多麼的難以接受。

〈再見〉

潘若禹

「再見」，這多麼悲傷的詞，通常是離別與分手時常用的字眼。不過，也不全是悲傷，畢竟再見，分開來說就是期待再見面，不是嗎？在平常的日子裡，大家其實都心知肚明，反正一定會再見面，也就比較無所謂。但有些時候是真的不會了。

「再見」這個詞，也會讓我聯想到死亡，那不再相見的永遠離別。雖然電視劇上都說，「我們來世再見吧！」然而，依現代科學來看，這種事根本就是無中生有，無稽之談。人過世，就是過世了，逝世的人，往往都會逐漸被遺忘，倘若活著的人，仍然天天期待輪迴轉世，或是想和死去的人再相見，我就會勸他，別再活在痛苦之中，別再苛求自己了，放他好好去吧。

說到這不再見面的離別，就會使我想起自己的爺爺（潘利民），這多麼偉大的角色。

還記得十幾年前的那個爺爺，身強體壯，一人獨力打理家中的大小事，在他兩個孫子的眼中威風極了！當爸媽還在打拚事業時，我們兄弟倆就是他一手養大的。他總是每天早上就下山買菜，買魚，買肉，然後急急忙忙再跑上山，回家煮飯，生怕兩個小毛球沒東西吃，有時，甚至還有雞湯能喝。他把最好的都留給我們，把煮爛掉的肉給爸媽吃，還說不吃的話就要餵狗，直到我上了國中，那種疼愛還是沒有改變。但當爸爸事業穩定後，我們被接回家中和父母同住，不知怎麼著，和爺爺的互動就愈來愈少。直到某年某月的那一天，彷彿如電光石火，我才猛然察覺，爺爺腦部智力退化得極快，已經無法自行料理生活。於是，我們把他從山上接下來，住到我們家旁邊的一個公寓中，也好就近照料他。

有一天，我心血來潮，心想自己好久沒看望爺爺了，就跟著爸爸一起去探視。門一開，發現爺爺坐在椅子上，不管我怎麼大聲叫，他都沒反應。他從以前耳朵就不好，現在，他已經完全聽不到了。我仔細察看了看爺爺，他已不再是以前那個充滿精神的人了。如今，他看起來枯瘦多病，身體非常虛弱。最近這些日子，他打電話來，我以為有人故意不出聲，想不到就是爺爺，雖然他聽不到，也走不動，他還是千方百計地想見見我——這個他最疼愛的孫子，而我卻拿功課太多這種理由，來跟自己說沒關係。

他對我的思念，已經替他添了滿額的白髮，歲月也已經雕刻上了他的滿臉與雙手，他也將自己的憂傷全都劃在自己眼角上了。就在那一剎那間，我的眼淚滴下來了，彷彿全世界都停住了，過去的畫面全部再度浮現我眼前，它們不停轉動，直到我再度回到爺爺的屋子。

從那之後，我便下定決心，雖然不再見面的離別是難免的，但在那最後一刻來臨之前，我要付出全力，讓自己在需要真正說再見時，可以毫無遺憾。

PART 3

教養原則：父母管愈少，孩子愈好！

潘懷宗／

學跆拳道，是我對孩子少數的堅持

我在教育崗位長達二十二年，因此，有些朋友會跟我討論孩子的教育問題。

有人抱怨孩子跟他大小聲、電腦打一整天、外出幾天也不回家，還頻頻問我：「潘老師，我的孩子怎麼會變成這樣，教都教不來？他是不是不要這個家了？我該怎麼做呢？」

其實，我怎麼可能會有什麼速成的方法，去幫助其他為人父母者並立刻導正他們的孩子呢？但至少我會乖乖當一個聽眾，並偶爾給些建議，讓對方知道我很專心在聽，在與對方共同謀取對策。

對於三個兒女的教養，我關心的是整體的發展，他們過得開不開心、快不快樂，也不會特別去要求他們做什麼。對於孩子功課上的表現也是如此，他們不想補習，我就不會硬逼他們去；所以，兩個兒子小時候都沒有補數學、英文，更沒有學小提琴或鋼琴。當然，如果他們想學的話，我也會全力支持，但也可能根本不是那塊料。長大後，若禹說要學吉他，我當然支持。後來還在台北市士林區的天母廣場駐唱過一次。

教養的堅持愈少愈好

在我小的時候，我爸爸的管教相當嚴格，脾氣比較差，打罵也不離手。我很能理解，在那個艱苦的年代，爸媽們所受的教育普遍不多，他們擔心孩子變壞，所以想用權威式教養來導正孩子的偏差行為。

我的父親小學沒有畢業，母親也只念到小學二年級，他們沒有提供孩子什麼充裕的物質條件，就只是陪著我們平平安安地長大。即使生活再怎麼辛苦，他們也還是用最堅實的肩膀，守護著一家人。

從父親身上，我學到了「教養的堅持愈少愈好」的生活態度，因為，**在成長過程中，孩子需要的是父母一路陪伴，就跟父母需要孩子陪伴的道理是一樣的。**

我對於孩子的教養一向堅持不多，不會要求他們的功課、分數，更不會要求背多少、學多少，**當孩子快樂、高興地學習，自然就會把這些東西記到腦海裡，並且應用在日常生活當中。**

補不補習無所謂，運動最重要

要求三個孩子學跆拳，是我少數堅持的教養原則之一。

這跟小時候父親嚴格地管教我有關。他整天要我念書，以致我沒有辦法經常跟著同學、鄰居四處玩耍，運動神經很差，體格也不好，看起來就是個文弱書生。

為了孩子的身體健康著想，我堅持他們一定要多運動。孩子年齡還小的時候，搞不太清楚跆拳道是怎麼一回事，有時會受傷，有時會全身疲倦，所以我用偶爾陪他們一起打電玩來當作獎勵。兩個兒子學習能力很不錯，在十八歲前就拿到黑帶三段的最高資格。

既然兩個兒子若承、若禹都學了跆拳，我當然也要求小女兒若文一樣得學，可是，無論我怎麼好說歹說，她就是不肯，最後我妥協了，少數的堅持也破功了。老婆覺得是我太溺愛女兒，所以她一撒嬌，我就完全投降了。其實我知道，女兒不愛的事情就不能勉強，否則她會不開心，然後老婆也會變臉，整個家的氣氛因此變調，划不來！

或許有一天，她會了解我這個做爸爸的苦心，開始愛上運動也說不一定。現在她自己報名游泳班，游得不錯，一次可游一千五百公尺。

家長對於孩子的教養有所堅持，是好事，但如果堅持變成孩子不快樂的原因時，也不妨想想，堅持是對的嗎？

若文不願學跆拳，倒是開啟了我的另一個思考的樞紐。**孩子學習的起點跟興趣成正相關，在他們的興趣還沒有被啟發之前，強迫他們學習，反而會阻擋他們的接受度**；有句話說「強摘的水果不會甜」應該先試著引導孩子產生興趣，若他們真的志不在此，就不要硬逼著他們。最後我發現，若文喜歡游泳和騎腳踏車，這兩項運動也很好，我們也常一起去。

和兒子約法三章

在我們家裡，我和我太太教養的方式採分工精神，「大原則歸爸爸管，小地方媽媽管」則是不變的通則。彼此緊密溝通，又扮演互補的角色。

若禹的書桌上貼了一張「約法三章」的紙條，最近被我太太撕下、收了起來。紙條是用黑色簽字筆寫的：

一、不可以在外過夜。

二、不可以吸毒。

三、不可以太晚睡。

太太說，這「三不原則」是我與若禹之間的君子協定。

我很重視安全，不讓孩子在外頭過夜，是避免他太過鬆懈，一不小心傷害了自己或別人，即使放假和朋友到外頭鬼混、聊天、放鬆，時間再晚都要回家。

我也再三叮嚀孩子，毒品千萬不能碰，一旦吸了毒，一輩子會被毒品戕害。

平常上學日不可以太晚睡、熬夜，這是為了孩子的身體健康著想。

這三行字是我跟太太對於管教孩子所訂下的底線，若禹很認同這幾項行之有年的教條，雖然偶爾會做出一些逾越的行為，但仍遵守我們之間的承諾。

這兩年來，我們都感覺到若禹明顯長大了，愈來愈能理解我們對他說的話、做的事，太太說我居功厥偉，因為，我在家庭中扮演了溝通協調的角色。

我很清楚若禹的性格就是很會鬧，但其實沒有惡意，所以我跟老婆都會盡量順著他的毛刷。與其跟他強辯，我認為更重要的是關心，讓他知道我們很在乎他，我經常跟他通電話、聊家常，循循善誘地開導他；我也相信，他雖然調皮搗蛋，但不會嘻鬧過頭，還是會適時地踩住煞車。其實，是人就都需要被鼓勵，更何況是孩子，用鼓勵取代責罵，你不妨試試，效果一定會令你感到驚訝的。

心態，最重要

教養孩子最重要的另一件事是心態，家長不能將自我的觀念、情緒加諸孩子身上，比方說，要求孩子做任何事都達到近乎完美的標準；或者不惜重金，栽培孩子學習各種才藝，期待他們完成自己無法達成的夢想。有些父母對於孩子有求必應，有些父母過分擔心孩子，所以幫忙他們打理所有的事情；有些父母情緒掌控能力差，只看到孩子的缺點，經常挑剔他們的毛病，整天在他們的耳邊叨唸不休，小孩最後也會避之唯恐不及，逃之夭夭。

我很喜歡詩人紀伯倫的一首詩：「**你的小孩不是『你的』孩子，是生命的子女；**他們與你一起生活，但他們不屬於你。你可以給他們身體居所，而不是靈魂，他們的靈魂，居住在明日之屋，那是你不能去，也不能夢見的地方。」

自然萬物的成長取決於空氣、水和陽光，家長對於孩子的責任則是陪伴、關懷和愛。我的兩個兒子都在美國念書，沒有辦法每天陪在他們身邊，我習慣用電話跟他們說說話，聊聊彼此的近況。

跟孩子的溝通零距離

辦公室陳主任負責管理我每個月的電話費帳單，上面常常列了一大串的美國電話號碼，有一次，他笑著問我：「老二最近是不是又惹了什麼事？」

每個月的電話費也是反映我對孩子關愛的刻度。

坦白說，我不是I世代父母，可以天天使用各種電子產品與孩子溝通，但自從他們兩兄弟到美國讀書之後，我每天都算準孩子的下課時間，趁工作空檔，打越洋電話問他們今天過得好不好，有什麼事情要跟我說？甚至會跟他們聊聊生活中的八卦。

我打給每個孩子的第一句話都是過得好不好，而不是劈頭就問成績。

在我眼裡，每個孩子都是我的寶貝。不論我們之間的真實距離有多遠，每次在電話裡聽到孩子的聲音，就好像他們待在自己身邊一樣。

從物理學解釋，距離是透過某種媒介，如交通工具經過的路線長度，屬於起點到終點的位移數字。若從數學的角度解釋，距離是度量空間的函數，比如歐幾里德空間距離，他解釋教養距離是家長與孩子之間主觀認知及心靈感受的心理距離，很難用量尺將它量出來，就如同解釋美感的感受一樣，美感是觀賞者主觀感受與藝術品之間的心理距離。

有人覺得教養應該零距離，有人卻覺得要保持距離，這其實是一種心理距離的反應，究竟該如何拿捏，要視雙方對距離的感受而定。

我跟孩子之間是心靈零距離，但那不是強求來的，而是經歷數十年寒暑努力經營得來的。對我來說，照顧孩子是一輩子的事，就如同相愛的兩個人在婚姻殿堂上宣誓，要無怨無悔地照顧彼此一輩子，就是一個神聖的承諾。

當你有了孩子就必須要體認，跟孩子的相處是一輩子的陪伴。陪伴方式或許會有所改變，但本質其實是不變的。比如說，孩子初學走路時，牽著他們的小手走路；等到他們大一點後，手要放開，看著他們走路；一旦孩子長大成人後，更要能夠展開雙手，讓他們展翅高飛，飛往自己的天空。

潘師母／不放棄孩子

若禹念小四時，學習行為有些偏差，老師很難用一般的教導方式來管教他，於是建議我們帶他到士林一間特殊教育中心，進行心理與行為諮商。

我於是打電話給這所基金會旗下的青少年心理衛生中心，詢問心理諮商師，我們該如何做才好？

諮商師的說法是，不能只帶著小朋友前來，全家都要一起來，他想要知道一家人的互動情況。

因此，爺爺、奶奶、潘老師、我、若承都到齊了（當時若文尚未出生），諮商師還問了一些若禹令大家最困擾的地方是什麼。最後，他建議我們，要站在孩子的立場設想。

在我們家，爺爺、奶奶最寵若禹，已經到了寵上天的地步，若禹想要什麼都得依著他，甚至還會偷偷塞錢給他。若禹哭了或生病了，爺爺一定先罵我們夫妻倆，責怪我們為什麼沒有照顧好他的寶貝孫子。

我們做媽媽、爸爸的，對於若禹的不當行為，一定會予以糾正；相對地，在他心裡面難免會產生衝突，為什麼爺爺說可以，爸媽卻說不可以，到底要聽誰的？而爺爺、奶奶對他這麼好，爸媽對他比較兇，孩子的心理也會不知所措，自然也會向對他比較好的爺爺、奶奶靠攏。

諮商師建議我們，**不妨站在協助孩子的立場，去跟若禹相處**。像每天晚上上床睡覺這件事，以往我們都是用做父母的威嚴口氣對他說：「該關電腦了，要上床睡覺了！」

倘若說一次、兩次不聽、不行，到了第三次他還是不聽，我們一定會發火，親子之間的關係也愈來愈糟。

諮商師提醒我們，不要跟若禹硬碰硬，要好好開導他，跟他講道理，不妨告訴他：「你可能沒有辦法停止這個遊戲，關不了電腦，沒關係！爸爸、媽媽幫你關。」

此外，在若禹的眼中，常覺得爸媽喜歡挑他毛病，覺得他不守時、愛遲到、頂撞大人、不聽話、脾氣暴躁，因此要開始**讓他覺得自己是生活在充滿愛的環境裡，而不是被挑毛病的環境裡**。

別期待孩子太多

在教養若禹的過程中，他愛搗蛋的性格，反而打開了我和我先生的另一扇教養觀念之門，那就是：**有的孩子真的很難教，但無論再怎麼難教，也不能輕言放棄。**我們全家堅持去心理諮商，去了整整半年多，風雨無阻，只為了一個小孩，我們全家都不願意放棄，最後終於成功。

望子成龍、望女成鳳是許多父母的期待。我和先生對三個孩子的成長一樣有期望，但**最大的期望是能看見他們平安快樂地長大，任何事情與這項前提衝突，我們都會以平安快樂為優先**，如果能在平安、快樂、健康之下成績輝煌，那是最完美不過的了，但如果不行，我們也寧願他們快樂、健康、安全地成長。因此，往往期待太多，失望就愈重；責備就愈多，自然也就愈不快樂了，何必呢？想開點，別期望太多。

轉學轉對了

若禹升五年級的那個暑假，我和先生考量他的性格，需要在更自由的教育體制下求學，於是興起幫他轉學的念頭。森林小學、外僑小學都屬於小班制，學生少，學校採自由開放的教學方式，是我們解決難題的最後一條路。

我們到各個學校參觀、了解後，希望他去離家近的台北歐洲學校或天母美國學校就讀，但學校的學生名額已滿，且要求一定的英文程度，當時若禹的英文程度很普通；於是，我們決定先將他轉到陽明山復臨美國森林學校，先學好英文再說。

外僑學校的學費很貴，對經濟狀況小康的我們來說是一筆不小的負擔，於是，我們就和若禹商量，讓他一個人去念。

若禹聽到要轉校，開始時百般不願意，加上必須一個人進入陌生的環境讀書，那還得了！他立刻說：「哥哥一定要跟我一塊兒去才行，他不去，我就不去。」

我們心想，兩兄弟一起念書做伴，畢竟比較放心，於是咬緊牙關，讓兩兄弟一起到森林學校念書。說起來不怕大家笑，我的一條內褲洗到都破洞了也不捨得丟，卻一口答應支付小孩所有學費，但還是覺得很值得，相信所有父母都跟我一樣。

念了一年以後，英文能力稍強，他們遂轉到台北歐洲學校，直到高中畢業。

轉校後，我們就沒有再聽過老師抱怨若禹不遵守學校的規定。親師會面談時，我原以為乖巧聽話的哥哥成績會比較好，調皮搗蛋的若禹成績肯定會差，可是教務主任卻說，若禹的成績非常好，上課時踴躍發言，是難得一見的好學生，我頓時臉上三條線，以為自己聽錯了。

這一刻，我和先生心中的大石頭才總算放了下來。這小孩算是救回來了，他也一路從小五讀到高中畢業。

在若禹的觀念裡，他不認為學生就該乖乖聽從老師的話，所以他反對老師怎麼說、就怎麼算的觀念。另外，他對於一些硬性的規定也總是十分反彈。

人生很奇妙，最初的難題，很可能是希望的轉折點。我從若禹的身上也發現因材施教的重要性。

做父母的千萬不要因為孩子一時的表現而灰心，有時候，**轉換另一個環境或找到適合孩子的教導方式，當他們的心智受到啟發後，就能夠找到屬於自己的方位。**

遇到孩子教養問題，父母一定要同心協心、共同面對問題，用耐心對待孩子。父母是孩子人生方向的掌舵者，只要堅持、不放棄，就能替孩子尋找到最適合他們的方向。

解決問題不逃避

孩子在成長過程中，不可能永遠都是家長眼中的乖寶寶，他們有時會吵鬧不休，也有可能遇到學習力差、跟不上同學的情況，或是膽小怯弱、沒有自信……這些層出不窮的困擾總會不斷出現，令身為家長者憂心不已。

我在面對若禹的學習情況時也是一樣，根本無法預料他下一步會丟出什麼問題，令人應接不暇。

有些家長聽到學校打來的電話，常以消極的心情看待，未能做好積極的善後處理，因為他們自己也不知道該怎麼辦？就只能看著辦吧！

若禹的老師曾在不知道如何管教他時打電話給我們，希望家長到校處理。老師也曾在聯絡簿上寫著「請家長注意」的字句。說真的，當下確實會有一種不知道該怎麼辦的感受，但我們夫妻倆的做法是不逃避現實，認真看待問題。

遇到若禹在學校適應不良的問題，我們努力理解孩子的想法；另一方面也積極尋求各種解決之道。這段過程很漫長，但我們始終堅信，一定可以把若禹教好。

養育孩子是父母的責任，遇到難題時，父母有責任帶領孩子一起面對及解決，我一直覺得，一旦願意認真去面對，難題往往也就不是真正的難題了。

潘懷宗／

比功課更重要的事

若禹到了美國 UCLA 念書後，校風自由，也擴大了他的視野，日子過得十分愜意又自在，當然，他也再度給我出狀況了。

他愛玩的本性不改，到美國後，經常過著作息日夜顛倒的生活，結果第一年就因為玩過頭，功課被當掉。「到美國是要完成學業，怎麼會玩到功課被當呢?!」接到若禹功課被當掉的電話，我愣了一下。

照理說，我應該要很生氣，痛罵他書是怎麼念的才是。但若禹從小到大惹事生非，已不是一、兩次的事，我早就習慣他的「浪子」個性，如果他突然間變了一個人，那就不是他了！

所以，我在電話裡並沒有發怒，只是非常焦急地詢問他：「小乖，那現在還有辦法重修嗎？」

我對三個兒女的暱稱都是「小乖」，他們永遠是我的心肝寶貝，而且我知道，當他們聽到熟悉的「小乖」時，就會卸下心防，願意聽我說話。他知道自己不對，也以為我會破口大罵，但經過我的柔性勸導，當然會願意痛定思痛，努力向學。

我常覺得，孩子無論長得再大，都還是父母一輩子的依戀。不論他們的行為是好、是壞，都是父母一輩子的牽掛，何況若禹也不過是個二十初頭、正在念書的大孩子，還需要我們的扶持，當他打電話給我這個遠在台灣的爸爸求救時，內心其實比我還在乎學習這件事，這時候，鼓勵絕對比責罵更重要。

面對孩子犯錯，我會先詢問原因，再進行開導。

我很關心孩子，捨不得罵他們，即便孩子的行為已經超出我忍耐的極限，我也會在心裡一再告誡自己：「千萬不要開罵！」因為，解決問題才是當下的重點。

包容中有管束，管束中有包容

雖然事後回想起來，我應該在第一時間用嚴厲的口氣，來表達內心的不滿，但我本來就是一個見不得孩子不開心、不快樂的爸爸，怎麼會口出惡言來教訓孩子呢?!

我的三個孩子個性大大不同，但他們都是我的心頭肉，是我打從心裡疼愛的孩子，我只希望他們活得開心、快樂。孩子的學習態度、成績固然值得重視，如果結果不符合原有的期待和標準，我還是會繼續用鼓勵和包容的態度去接納孩子。

若禹到美國念書才一年，就因為成績太差被當，讓我太太很擔心，她很想知道孩子到底是出了什麼事？於是趁著去美國洽公之餘，順道去了洛杉磯探望他。

到了美國，太太打電話跟我說，若禹見到她後，只說：「我待會兒要上課、去參加學生活動，不能陪妳，也不能送妳上飛機。媽，妳自己搭公車去機場。」我老婆氣炸了，覺得去看他很不值得。

其實，若禹的個性就是孩子氣，想怎麼樣就怎麼樣，但這也是他跟我們之間的互動方式，自然不做作。不懂逢迎拍馬，不會逢場作戲。

老大若承的個性不錯，但有時還是會捉弄我。有一次，他主動跟我說：「爸爸，你要錄影嗎？我陪你去。」

難得兒子願意陪我到電視台錄影，我聽了很高興。沒想到，一到電視台，他立刻說：「老爸，車子借我開，等你錄完影以後，我會再來接你。」

「啊！」我當下的反應有些錯愕，但我了解若承的個性低調，他喜歡跟我聊天，但不喜歡在眾人面前露臉。

在成長過程中，孩子的性格逐漸分明，當然會有許多想法跟父母的預期不同，常讓父母親在第一時間搞不清楚狀況，也不知道該如何回應，只覺得孩子怎會如此不受教，雙方關係就愈弄愈擰。但我認為，事情其實往往沒這麼嚴重，該管束時管束，該包容則包容，要同時兼顧。當然，其中分寸的拿捏，也是父母需要學習的。

最後，若禹逐漸將愛玩的心收回來，生活作息也比較正常，我的適時鼓勵也奏效，這學期他的三科成績是A⁻、A⁻、A，相當優異。

我的兒子竟然作弊!?

若禹念小學時，有一天，我從學校老師那裡得知他考試「作弊」的消息。當我接到電話時，簡直心痛不已！

我心想，若禹的資質很好，再怎麼愛玩，應該還不至於會以作弊來拿取分數。於是，我問他作弊的原因，原來，並不是他考試翻書或寫小抄，而是他將寫完答案的考卷拿給隔壁座位的同學抄，當場被老師給發現。

雖然他是「義氣之舉」，但無論作弊的理由為何，作弊就是作弊，是不對的行為，我忍不住，狠狠動手打了他三下屁股，而這也是我唯一一次對他體罰，他印象深刻，到現在還記得。

我一向不贊成體罰孩子，但那次我實在太生氣了，當時還是違背了自己一向堅持「不體罰孩子」的教養原則。所以第二天，我要求若禹以後不可以再作弊，而我也不會再有體罰，兩人約法三章，共同遵守。

還有一件令我難忘的事情是在他高一下學期，若禹曾帶頭翹課，班上有幾位平時很聽他話的同學也跟著他一起翹課。當學校跟我聯絡，告訴我事情的嚴重性時，我的內心惴惴不安，生怕無法向其他同學的家長交代。

若禹回到家之後，我詢問他翹課原因，他說，老師教的東西他都會，留在教室裡很沒意思。這理由讓我哭笑不得，站在若禹的立場想或許沒錯，問題是，他並不知道自己帶頭翹課的結果，會影響到其他同學的學習狀況。

果然，那次期中考，他的成績是全班第一名，跟著他翹課的學生全部被當。自此以後，他也不敢再翹課了，以免連累到其他同學。

理解孩子的內心世界

有些爸媽看到孩子的表現逾矩時，心裡常會出現「平常沒有教嗎？」的旁白，而且很容易以當下所見的事情來作判斷，不加思索便對孩子開罵。

但是，事實真的是如此嗎？孩子眼中的世界以及他們對事情的認知，經常和大人不一樣，所以，**做家長的應該要先探究孩子行為背後的原因，引導他們說出內心感受**。

有時候，孩子的表面行為，有可能是對於某些事情產生不滿的立即反應，若大人沒有秉公處理，孩子很容易再度出現逾矩行為。有時，孩子在外面受到了什麼委屈，心裡不好受，大人又置之不理，也會造成他們沮喪和負面的情緒，久而久之，便會產生心理不平衡。

對待孩子，家長要像剝洋蔥一樣，一層一層剝開他們的內心世界，在這個過程中，或許會感到非常生氣，也或許很花時間，但仍需耐著性子，用心去傾聽。**聆聽孩子講話時，不要急於表達自己的想法，而是要讓孩子完整表達他們想要傳達的意念，並時時留意他們的情緒，從中捕捉他們的言外之意**，洞察他們內心的真正需求。

此時，父母要放開自己既有的想法、立場及價值觀，專心去聆聽，不要任意打斷孩子的話，可以用「嗯」、點頭、微笑等方式作出回應。不要倉促下結論或直接否定孩子，必須留給孩子自行思考和判斷的空間。

人的五官中，有一張嘴巴、兩隻耳朵。有人說，這表明了造物主讓我們多聽少講的用意，因為二比一的比例清楚明瞭。我很贊成這個說法，因為傾聽不僅是要用耳朵，更要用心聆聽。

當你發現孩子出現不耐煩的口吻時，就要覺察，是不是自己說了太多，忘了聆聽的重要性。如果能夠適時閉上嘴巴，好好聆聽孩子怎麼說，往往就可以降低親子之間可能引發的一些衝突。做家長的不要一直跟孩子說個沒完沒了，重點說明即可，否則到了最後，孩子會懶得說話。與其讓家裡充滿不快樂因子，不如製造溫暖的氛圍，讓孩子願意回家。要知道，**往往不是孩子願意聽你說話時，而是孩子願意跟你說話時，這孩子才能被你救回來**，切記。

潘若禹／

老爸是我最重要的成長夥伴

我是重視邏輯準則的孩子

我是家中的 questionable（不確定、可疑）的小孩，特別是自己小時候常讓爸媽覺得我很難教，是個令他們頭痛的孩子。從小，我就熱愛思考，遇到事情，就會想為什麼事情是這樣？該怎麼去應對？希望能夠理出一套自己的邏輯準則，可以憑藉這樣的準則，套用到許多行事作為上。但小時候想得比較不透徹、不完整，邏輯變得奇特，無法串連，所以會有許多大人無法理解的行為出現。

六、七歲時，有一次我胡鬧，爸媽就生氣地說：「你這個孩子，怎麼會這樣子？」我當然覺得非常不服氣，就直接回嗆：「孩子是不是你們生的？」他們說：

「是呀！」我接著又說：「當初在你們生我之前，就該想清楚，不然你們幹嘛生我呢？」爸爸氣得當場處罰我，說：「你怎麼會這樣對父母講話？」

有一次，我又講了一句大逆不道的話，爸爸氣得想用皮帶打我屁股，我衝到房間，他也跟著進來，我直接搶下爸爸手中的皮帶，爸爸當場也愣住了……我對他說：「我自己覺得沒錯，你幹嘛打我？如果你能說服我，是我的錯，我趴下來讓你打屁股，否則我不服氣。」

最近，我跟爸爸提起這件事，他卻不記得了。可能老爸永遠只願意記得我們的「好」吧。

爸爸偶爾會帶哥哥和我到網咖打電動，這是爸爸親近我們的好方法，父子三人也總是玩得很開心。但是，媽媽很不喜歡我們去網咖，覺得那是一個煙霧彌漫的不良場所，其實我們都只待在禁菸區。有一次，由於禁菸區設置不完善，我們全身沾滿了難聞的菸味，打完電動回到家，媽媽非常不開心，便罰我們父子三人站在冰箱前面壁思過。

在我的邏輯準則中，爸爸是一家之主，應該據理力爭，媽媽可不能剝奪我們男生到網咖打電動的自由，可是爸爸卻沒有反駁，一聲不吭就站到冰箱前面去了。

「咦！爸爸的做法怎麼跟我的邏輯不同？」當下，我直接嗆聲：「爸！你怎麼這樣子，你是一家之主，怎麼會甘心被罰站，應該要罩我們呀！我們要打網咖就打，干媽媽什麼事，你要反抗，OK？」爸爸立刻制止我：「少說兩句，不要講了！你都不敢反抗，還叫我反抗，到時死得更難看。」

那個時候，我的想法很直接，覺得爸爸、哥哥跟我都被媽媽給欺負了。長大以後，我才漸漸了解，爸爸與媽媽的性格有非常顯著的不同。媽媽是硬脾氣，如果硬碰硬的話，她就會更兇；爸爸雖然有脾氣，但為了維繫家庭和諧，總是扮演聽命者角色，一切都聽從媽媽，全家才得以維持和諧。

其實，爸爸也有他自己的想法，小時候我不太懂事，無法理解他的用心良苦，現在回想起來也覺得很丟臉。

作弊，是爲了挑戰老師的兩套標準？

小時候，有一次我被打的原因是「作弊」。但我的作弊理由跟爸爸認為的「義氣之舉」不盡相同，而是與我所追求的「公平」的邏輯準則有關。

當時，老師常告訴班上同學考試不能作弊，但那一天，我親眼看到同學直接在老師面前抄考卷，老師竟漠視不管，我心裡犯嘀咕：「好啊！不是說不能作弊嗎？你怎麼可以這樣，那我也作弊。」於是就將考卷拿給同學抄，結果老師當場就在我的考卷上打了個零分。我立刻跟老師理論，「為什麼他們作弊，你都不管；我作弊，你就給我零分，怎麼可以有兩套標準？沒有道理！」

但作弊畢竟屬實，老師根本不理會我的解釋。

原本，我是不想跟爸爸講起這件事，但爸爸接我回家時，同學不小心說溜了嘴，結果回家就被爸爸打屁股。很奇怪的是，那件事情以後，爸爸反而很少打我，而是願意先聽聽我怎麼說。後來，我才知道是因為自己的脾氣很硬，爸爸覺得如果硬碰硬，對大家都不好，所以很少對我大聲，而是願意聽我講自己的看法。

我是個積極爭取自我權益的人，而且也會挑戰父母的底線，比方說，爸媽規定我晚上十二點前一定要回家，我就不會乖乖就範，一定要有說服我的理由才行！一旦我認同了這個理由，我就會努力做到。

爸爸是一個很棒的父親，他願意認真傾聽我的想法，耐心開導我。我常跟朋友們說，我爸是一個非常成功的人，脾氣很好，是我的 idol（典範）。我跟爸爸之間沒有什麼秘密，就連交女朋友、氣到想揍某人這類比較私密的事情，我也都能和爸爸輕鬆地聊。

每次，跟他在電話裡聊到自己的感情事，一旁的朋友還以為我是在跟某位私交不錯的女性朋友聊天，當我說對話的對象是「我爸」時，他們都會一臉狐疑看著我，「原來你跟你爸爸這麼親密！」

赴美求學，父子感情反增溫

我跟爸爸的感情變得很好，是大一升大二的那個暑假。

從小，我自認天賦異稟，個性又獨立。念高中時，我每天只念三個小時的書，考前再念個六小時，成績就會不錯，之後又申請進入世界級名校美國加州大學洛杉磯分校（UCLA）。所以，我始終對自己很有信心。會玩、又會念書的人是值得佩服的人，我也一直以此自傲。赴美求學以後，我愛玩、愛交朋友的性格大爆炸，爸媽管不到我，加上沒有準時回家的束縛，我每天周旋在社團、朋友、電玩、轟趴之間，經常徹夜不眠，白天再晝寢，心思完全沒有放在念書上。

到了一個新環境，有太多新奇的事物值得我去探索，我甚至想，如果要在美國長期居留，一定要了解美國文化，於是我參加了一些party、社團，結交許多不同膚色的朋友。後來，我才發現朋友其實不一定可靠，利用我的比較多，提供協助的很少。所以我開始變得焦慮、不知所措；不過，我並沒有向爸媽求助，而是想挑戰自己的能耐，看自己能不能獨自面對困境。

後來，我認識了一位很有魅力、很酷的朋友，成為我的靠山，他有能力解決我心裡的種種疑難雜症。在他的推薦之下，我加入了 Lambda Phi Epsilon 國際性亞裔兄弟會。加入之前，這位朋友跟我說：「做事要有擔當，要像個男人，做了就不要 quit（退出），不要讓別人瞧不起你，認為你禁不起考驗。」

成為兄弟會的一員後，大家就像一家人，而這位朋友則成了我「爸爸」（類似「帶領者」）。兄弟會有很多活動或 party，每天都很忙碌，大家都不愛念書，每天混 party、喝酒，成績當然一落千丈，我在 UCLA 第一年的學業成績全落在 C。

暑假回到台灣，媽媽氣到不行，語氣嚴厲地警告我，如果不好好讀書，就要斷絕供應我的生活費用。後來，媽媽甚至不想跟我說話，爸爸知道我的硬脾氣，倘若媽媽真的採用經濟制裁，我可能會鬧家庭革命，所以勸說媽媽這樣不是好辦法。

那天晚上，爸爸與我做了一次深談，彼此敞開心胸，談了許多事。

爸爸沒有罵我、怨我，但他覺得很傷心，為什麼我的聰明才智會用錯了地方？他詳細講述自己的讀書方法以及年輕時赴美念書的辛苦。聽了爸爸一路艱辛走來的苦讀經歷，我內心也浮起了無限的愧疚與「對不起」，他的話觸動了我內心的軟弱，我開始滔滔不絕，將自己在美國一年的生活一五一十地說出來。

這時，爸爸才了解，一個人在美國讀書的我身旁沒有家人可以商量、傾訴，心靈沒有依靠，感到空虛無比。他問我：「為什麼要加入兄弟會？」

我跟爸爸說：「如果沒有加入兄弟會的話，我可能會念不下去。」

聽到這裡，爸爸流下了眼淚。當時，我嚇了一跳！從小到大，我從來沒有看過爸爸哭。而我這才了解，爸爸其實對我的處境是感同身受的。當年，他一樣赴美求學，一樣嘗過異鄉遊子的孤寂。結果，我也跟著哭了起來。

老爸的意見最受用

經過那次深談，我決心將自己的心思拉回念書這件事。

爸爸傾囊相授，告訴我如何念書。我自小並沒有養成一套有紀律的念書方式，只能一邊學一邊修正。爸爸告訴我，念書沒有捷徑，方法就是「早上八點到十二點念書，中午十二點到下午兩點吃飯、睡午覺，下午繼續念到晚上六點，累了休息一下，晚上吃完飯，再念到夜間十點，若念得很累，去洗澡或運動、散步，放鬆心情後上床睡覺」，既然如此，我只能按部就班、照表操課囉！

只是，那學期第一個科目我拿到A，第二個科目卻低於平均成績，只拿到C。

我立刻打電話向爸爸求救，詢問爸爸為何都用同一個方法，效果卻差這麼大？爸爸先認真聽了我的說明，再替我分析原因，認為應該是考試前一天喝太多咖啡、念書念太晚，所以考試時精神無法集中，結果當然考不好。爸爸成為我讀書的靠山以後，我才發現爸爸比我懂太多、強太多；我遇到的每一個阻礙，都能在他身上得到答案，所以，我們經常man's talk，除了怎麼念書以外，連要不要當兄弟會會長，甚至是交女朋友這種私密的事都能互相討論，我也往往希望自己在他的支持下行事，雖然不見得每件事都要得到他的認同，但攸關原則的事情，我都希望有爸爸參與意見。

我當兄弟會副會長時，許多人推舉我擔任會長，我問爸爸意見，他雖然不贊成，但他說會尊重我的選擇；後來，思考到未來前途還是要以學業為重，我便決定放棄。

我是一個很有主見的人，但如果別人說的有道理，我也會試著接納，如果驗證後發現果然不假，自己也會跟著做。我認為，當你要對一個人訴說新觀念時，一定要慢慢說，而不是要他立刻接受，多點耐心，久了之後對方也會慢慢理解。對我來說，爸爸的話有用，也是因為他會傾聽，慢慢聽我說，然後才說出他的想法，甚至會舉出相關的歷史事件來幫助我了解，所以很管用。

爸爸沒有反對我加入兄弟會，卻不贊成我擔任兄弟會會長。那時候我卻對此非常積極，只是有一個關卡自己不知如何處理，於是跟他討論我的想法。

兄弟會設有董事會，轄下有會長、副會長等職，有一條潛規則是：如果從進入的第一年開始到未來的幾年內，會籍都留在董事會，即使是副會長的建議，會長都會給予最大的尊重。不過，副會長不是只有我一個人，有一個比我還要資深的副會長，而我跟他的行事作風完全不同，他要舉辦危險的活動，而我要的是安全第一。真的要應付的話，絕對需要超強戰鬥力。

我問爸爸，怎麼做最好？爸爸不會直接給我答案，而是從歷史角度來進行分析，他搬出了毛澤東與鄧小平兩人行事作風的實例供我參考。鄧小平以退為進，沒有與毛澤東起正面衝突，待毛澤東過世後才上任。

我了解爸爸的用意，是希望我不要跟對方正面衝突，我也接納了他的意見。

還有抽菸這件事。有些爸爸為了杜絕孩子抽菸，會嚴加控管零用錢，不准小孩買菸，甚至會處罰小孩。爸爸不會限制我買菸，但他會勸我不要抽，經常跟我闡述抽菸的各種害處，百害無一利。一開始，我當然聽不進去，但我愛打籃球，抽菸會讓我明顯感受到心肺功能衰退，我於是愈來愈能理解爸爸所說的話。現在的我還不能說是完全戒菸，但菸癮不見了，不會有事沒事就叼根菸來抽。抽與不抽之間，可以自主掌控。爸爸說的話，我不會百分之百照單全收，但我很高興的是，跟爸爸討論的過程中，他的回應啟發了我許多想法，不斷地督促我朝向正確的方向前進。我在爸爸的眼中一直都是需要呵護、叮嚀的大男生，但最近爸爸很尊重我的想法，他會問我為什麼要這樣做？我會將前因後果說明清楚，他若認為我的邏輯沒問題，就會認同我的決定，若覺得還有不妥之處，就會說出建議，但不會強行干涉。

從小怕鬼、怕蟑螂，爸爸陪睡好安心

別看我個子高大，其實我很怕鬼和蟑螂。有時，我想像遇鬼的畫面，在天黑黑的夜晚，窗戶突然間「啪」的一聲，有張臉出現在我面前……還是會嚇得半死。

颱風天強風呼嘯，我的眼睛一直盯著窗戶，心想「什麼時候鬼會出來、會進來？」一直不敢入睡，心想：「下一秒就會出來，就會出來……」然後左顧右盼，但不敢看床底下，也不敢上洗手間，就擔心鬼會躲在那些地方。

從小我就跟哥哥同寢，我常與睡在旁邊的哥哥說：「我很怕，你不可以先睡著，你不怕鬼，所以要等我睡著了才能睡。」哥哥說好，但他根本撐不住了，才沒幾分鐘他就累到闔眼，一聽到我跟他說：「哥！你睡著了嗎？」他就應付地說：「哦！醒了！」哥哥睡著了，我就更害怕，只好去敲爸媽的房門。有時候，爸爸被我煩到不行，只好讓我跟他們一起睡，如果是那樣的話，當天晚上我就會睡得特別安穩。

有一段時間，爸爸跟我和哥哥一起睡，我當然高興，希望爸爸睡我跟哥哥的中間，因為哥哥睡著了就會叫不醒，一旦鬼或殭屍來了，我怕自己會被嚇死！但爸爸不一樣，他是一叫就會清醒的人，必然會挺身來保護我。有爸爸陪我睡，讓我睡得很安心，他也陪了我們差不多一年的時間。

我會照顧爸爸一輩子

以前，我的零用錢是媽媽在管。媽媽很嚴格，每個月給我五百元或一千元，如果仔細去算算，就會發現根本不夠用。有一段時間，爸爸成了我跟媽媽的中間人。他會替我爭取額外的零用錢，但真的很不方便，所以我常跟爸爸洗腦：「這樣子好麻煩，你可以自己不時給我一點零用錢。」後來，爸爸常會對我及哥哥說，書房裡的書中藏有錢，這是我們父子三人之間的秘密。

有時，爸爸還會跟我開玩笑：「若禹，那你以後是不是也要給我一本書，裡面也要藏著錢。我現在對你這麼好，也不要求什麼，看你以後會不會有什麼回報。」我當然回答：「會呀！」沒多久，他又會跟我說：「其實我是跟你開玩笑，我已經為自己準備了養老金，如果你要對我好，我會很感激，不會讓你操心的。」

爸爸的這番話反而讓我覺得自己有義務去照顧他一輩子。爸爸曾跟我說：「以後你有錢的話，我就跟你住，我要的不多，只要一個小房間，裡面有電視跟電玩遊戲就可以了。」我早就想過爸爸晚年的事，也跟爸爸說過：「以後如果你沒辦法行動自如的話，就住二樓，坐電梯下樓，客廳裡有電視、電動，會讓你玩個過癮。」

我想像未來自己可能會住在美國洛杉磯郊區，腹地廣大，氣候宜人，治安好、污染少，到時我一定會接爸爸跟我一起同住。

我很喜歡跟爸爸一起旅遊。小時候，爸爸曾帶我和哥哥到阿曼姑姑家玩，帶著我們到沙漠露營兩天，我們坐在吉普車上衝沙，超刺激、超過癮！那次，我們還在沙漠中吃了一頓烤羊肉大餐，四周淨是一片綠意盎然的綠洲景觀，玩得好開心。

這些年下來，爸爸的工作忙碌，全家人要一起吃頓飯都不容易了，更何況是全家旅遊。不過，爸爸有試著在安排。如果爸爸真的空出一天時間帶著全家出遊，我看世界會大亂，找爸爸的電話肯定接都接不完吧！

潘師母／

課業當掉了，小孩不能當

我先生是個很寵愛孩子的爸爸，如果他的口袋裡領了五千塊，一定會問孩子們：「身上有沒有錢用？」

即使若承推卻說不用了，我先生還是會拿出兩千元給他：「拿著，拿著！爸爸今天有錢。」

遇到若禹，也會關心地問：「錢夠不夠？」接著就掏出兩千元塞給若禹。「給你！爸爸自己身上留一千元就可以了。」

妹妹的悠遊卡要加值，通常都會有基本定額，他會掏出幾張紙鈔說：「多加值一些，可以多買一點自己想要的東西。」

我先生寵愛孩子，是因為他知道孩子需要用「愛」交心，有了爸爸疼愛的心加持，孩子自然願意親近他，而他也很樂意做孩子的玩伴。

兩個兒子跟爸爸的相處就像哥兒們一樣，會和他說一些心裡的話，也不怕爸爸會教訓他們。

若禹大三時因為忘了選課，畢不了業，打電話回家和我先生說：「爸爸！我這次選課，沒有注意到兩堂課的討論時間有衝突的狀況，而且已經過了選課時間。目前，我只能撤掉其中的一堂課，所以這個學期只能選三堂課，這樣學分不夠，沒有辦法準時畢業！」

這種事情早就該注意才對，怎麼會疏忽掉，等到事情不可挽救後才來求救呢？如果換成是我，早就大聲責備：「選課都能選成這樣子，你在搞什麼啊！」但他仍然按捺性子跟若禹說：「沒有關係啦！這件事情就當成一個教訓，以後做事前一定要想清楚，不要等到事情發生了再來後悔！」

還好有我先生在，遇到任何問題，他都會耐著性子跟孩子溝通，讓他們的內心有歸屬感。

他的一貫想法是，「**功課當掉可以重修，孩子當掉了，那可是一輩子無法彌補的傷痛。**」

我先生常說，家就是孩子的安全避風港，有什麼疑難和問題，先進港卸下難題再說。補足原料後，再重新出發、面對困難，事情往往就會迎刃而解。

若禹是個好強的孩子，他很不喜歡被貼上「笨」的標籤，會積極在各方面表現自己，因此，忽略了課業上的學習，我很不習慣他這種學習態度，再怎麼玩，學業還是很重要的。

我先生不一樣，他認為孩子的需要最重要，孩子需要的絕對不是成績，因為成績不能代表孩子的一切。

什麼才是孩子的需要？這是我們做家長需要思考的。在建立孩子的觀念之前，家長的觀念也要有所改變，我先生的思維漸漸影響我，而我也從若禹身上體認到孩子的需要。畢竟，**成績只是學習期間的一種評量，卻不是整個人生的考核**。

倘若父母能培養孩子更寬廣的視野，陪著孩子一起探索世界，對於他們的未來將會有更大的幫助。

小金庫的秘密

潘懷宗／

我和孩子之間有個秘密暗語，當孩子有特別的支出需求時，我就會說：「書中自有黃金屋。」

於是，他們倆兄弟就會到書房，翻出桌上的某一本書，裡面常會夾著幾張紙鈔，這些錢可能是我預先藏好，為急用事先備妥的準備金，或是買東西剩下的小鈔，通常是用來支付不在家用預算內的開銷。

節儉老爸，遇到兒子也投降

我在一個不算富裕的家庭中成長，全家靠著父親在情報局汽車隊擔任司機的微薄薪水，以及母親四處打零工的收入生活。因為小時候經濟困苦，養成我節儉的習慣，什麼東西能用就用，不搞排場，不做表面功夫。

我太太是一位走在時代尖端、很時髦的職業婦女，但她會留意媒體刊載的特價訊息，看到折價券就剪下來、善加利用；會在百貨公司的折扣期間購買衣服，會到大賣場採買可以久放的日用品。此外，她也一直覺得客廳和飯廳共用的八盞燈具太浪費電，所以刻意摘掉兩具。

我媽媽更是傳統的女性，而她的省錢妙方，就是利用家中的洗澡水，沖洗浴室和馬桶。洗菜剩下的水，她會拿來澆花和洗抹布，還會在沖水馬桶的儲水箱中放進一個五百CC的寶特瓶，減少沖洗時使用的水量。孩子們都知道，我是一個節儉老爸，能省則省，任何東西還堪用就不會輕易說丟就丟。

可是，只要孩子一開口，原來勤儉持家的我往往就會變得很大方，畢竟他們可是我一輩子要照顧的人。不過，孩子們也知道我的大方是有限度的，不會大方過了頭，這是我們之間的默契。

若承出車禍

美國地廣人稀，汽車是重要的代步工具，沒有車子寸步難行。因此，老大若承剛到美國念書時，我就買了一台二手車給他。這部老爺車車齡不小，又是二手車，經常要進廠維修，他跟我反應了好幾次，但我認為還是可以開，就請他將就著開。

大四那年，我接到若承的簡訊，簡訊裡告訴我，他和女友 Winnie 在高速公路上出了車禍。大雪天，前面的車輛打滑、緊急煞車，後面的車輛煞不住，於是向前衝撞他們，引起了一連串的追撞。車禍當時，他們倆受了驚嚇，車子被追撞得嚴重，幸好身體並無大礙。

我的想法是，人沒事就好，至於車子，我就不是很在乎。沒過多久，我就收到若承傳來的車子受損照片，車身四周都被撞得稀巴爛。

在美國，沒車可以說是舉步難行，我於是跟若承說，要買部安全一點的車子，可以分期付款。結果，因為若承還只是學生，信用也無紀錄，買車必須付現，我只好去銀行先借錢匯給他，日後再慢慢還，那時候我真的很困難，到處都需要用錢。

但我還是咬著牙，撐過去了。

金錢？安全？選擇哪一個？

若禹第一年到美國念書就跟我吵著要買車：「哥哥都有買車，為什麼我沒有？」如前所述，在美國念書，沒有車子代步到哪兒都不方便，所以，我答應買一輛八成新的二手車給他。

他的性格與老大不同，若承會替老爸、老媽著想，覺得我們努力賺錢供自己到美國念書很辛苦，所以不會意氣用事；但若禹腦筋靈活，他仔細盤算了一下，覺得買一部手排檔的新車會比買一部二手自排車划算，於是先斬後奏，買了一台手排新車後才跟我說，而且也沒有買車險，這下子換成我在操心了。

他的做法跟我向來「能用就好」的節儉作風大不相同，但車子買了，也開了，我只能匯款支付新車的保險費，對於這種菜鳥駕駛，保險費當然貴得嚇人。

有一年，若禹回台灣前打電話問我，可不可以坐商務艙？他覺得坐經濟艙好擠，很不舒服。他體格壯碩，高達一百八十五公分，從美國洛杉磯飛返台北要坐十二個小時，擠在狹窄的座位鐵定很不舒服，其實他也已經跟我反應了幾次，但我都沒吭聲。

這次，我答應他可以座艙升等，我太太問我：「小孩子坐商務艙，會不會太誇張了？」

其實，我答應若禹搭乘的是豪華經濟艙。一樣是經濟艙，但座位較寬，比一般經濟艙的位置來得舒服，只是多了幾千塊的價差而已，我太太聽了之後，也覺得還算合理，便沒再多說什麼。

我的想法很單純，孩子的行車安全與舒適，絕對比金錢這種身外之物來得更重要。

掌握討論的藝術，才能維持家庭和樂

孩子願意跟父母一起討論事情，我覺得很幸福。在很多家長的觀念裡，常常會覺得面對一個成長中的孩子，能夠討論出什麼事？所以，在替孩子做決定時，就會很習慣以自我的想法為中心。

有些孩子對於家長的決定不會有特別意見，而且會跟著照做；有些孩子則會對於父母沒有徵求自己想法便貿然決定，深感不以為然，還會反問家長：「你們怎麼都不問問我的意見？」有些父母親對於孩子未經事先討論、擅自作主的決定一樣感到受不了，常會不高興地說：「怎麼不跟我們討論一下？出事了才讓我們知道？」

在我家，討論事情是家常便飯，孩子決定養一隻狗、念什麼學校、要不要買車、交了哪些朋友，這些事都會經過討論。即使面對孩子的童言童語，我還是很高興他們願意跟我說明，讓我能夠充分了解他們的看法、想法，以及想做的事。

我一直以為，要維持家庭的和樂氣氛，討論的氛圍滿重要的。如果親子間從來沒有藉討論過程達成共識，總是父母說了算數，很有可能會出現兩種極端，一是孩子作不了主，全聽從父母親的判斷；二是孩子根本不跟父母商量，自行其事。

一旦建立了討論的習慣，孩子們就會習慣詢問父母的意見，並與父母進行討論。**討論是一種練習，家長及孩子都需要參與，它可以增進親子之間的情感交流，減少彼此摩擦，提高彼此的信任感。**

潘師母／

父子一起泡網咖

對待孩子，我先生一向將快樂放在首位。他認為，**孩子心中一旦有了快樂氛圍，就不會老往外面跑，尋求感官刺激**；即使留連在外，也只不過是一段時間而已，他們終究會回到家裡，享受家人給的溫暖。

大部分的男生都愛刺激，熱中電玩遊戲，我先生、若承、若禹也志趣相投，經常一起打電玩同樂。兒子在念小學五、六年級時，家裡的電腦連線品質不太穩定，他們三人常會跑到網咖打電動。為了怕我操心，他們還會刻意跟我說是去逛士林夜市。最近這兩年，兒子會回來過暑假，當他們三個人又同時出門時，我會故意問：「去哪裡？」

他們回答都是沒去哪裡，只是逛逛而已。

我不用猜就知道，到網咖練「手藝」的機率很高。有先生陪他們到網咖打電動讓我很放心。一來他跟兒子有共通話題，可以增進彼此的情感；二來他會掌控時間，不會讓孩子們玩得太晚。很多父母反對孩子接觸電玩，擔心孩子打電動時間太長，對身體造成不良的影響，或是留連網咖，不回家。

我先生是一個電玩高手，但他自制力強，很清楚「玩的界線」，什麼時候該玩，什麼時候不該玩。同樣的，他也讓孩子們「從玩樂中學習」，知道什麼是電玩駕馭者，什麼其實是被電玩控制了。有他帶孩子泡網咖，我自然比較放心。一味防堵，不如讓他們學會自制，不是嗎？

無話不談的父子

若禹跟我的關係一向保持不太黏的距離，但跟我先生卻無話不談。若禹常會滔滔不絕地跟他說明自己心中的想法，不論是分享生活中快樂的事，或是傾倒情緒上的垃圾，我先生也都會開導他，適時給予一些鼓勵和建議。

高三那年，有天若禹在早餐桌上跟爸爸說：「我要幫同學問一件事……」

爸爸：「好啊！什麼事？」

若禹：「如果女生懷孕的話，怎麼辦？」

我在一旁大吃一驚，爸爸卻淡定地說：「那就把小孩生下來啊！」

若禹：「如果女生還是學生，怎麼辦？」

爸爸：「先休學一學期，等生完孩子以後再繼續上學。」

若禹：「那小孩怎麼辦？」

爸爸：「爸媽會養呀！但最重要的是，不要讓不該發生的事情出現，也就是防患於未然。一旦事情發生，不要一錯再錯，應該勇於面對，尋求適當的解決之道，我永遠願意為你解決問題，共同面對。」

等到若禹離開餐桌以後，我就跟先生說，幸好兒子是跟他討論，如果換作是我，肯定會說：「怎麼會這樣子哩！」接下來的氣氛可能就會變得很糟。

過了一陣子，若禹跟我先生說：「那天跟你說的，已經沒事了！」

這就是他與爸爸之間的默契，什麼事情都可以談、可以問，我先生知道如何與若禹溝通，所以只要和若禹相關的事，交給他處理就對了。

我對大兒子若承的交友狀況一直很放心，他從以前到現在交了哪些朋友，我們都很清楚；交女朋友也是一樣，都會帶回家來，讓全家人認識。

若禹的性格就相對比較自我，常讓感情進行得不是很順利。他對女生一向很冷淡，連請女生吃頓飯都會認為「幹嘛要請？」、「幹嘛要讓妳？」

這麼多年下來，他認識了不少女生，但好像沒有比較深交的女友。之前，有一位對他很好的女生，會幫他打掃房間，甚至會做飯給他吃。若禹會跟爸爸說到自己和女友交往的狀況，比方說，跟對方吃了幾次飯、對她一開始是有好感，可是後來開始覺得不太適合……我想，只要女生肯對若禹好，無怨無悔付出，交往的時間就會長久一些。但他很清楚自己交女朋友及娶老婆的界線在哪，他可能認為，三十歲以前沒有經濟基礎，還不適合結婚，所以不會深入交往；或許等到年紀適切之後，才會開始認真談感情。至於這觀念對不對，純屬他個人想法，謹予以適當尊重。

潘師母／

兒子長大了

小時候，若禹常常問「為什麼」，讓我很傷腦筋，連吃飯、睡覺這種稀鬆平常的事，他都要一直問，使我深陷「他『為什麼』會是這樣的小孩？」的苦惱之中。

若禹讓為人父母的我學習如何用耐心及觀察力對待孩子，儘可能包容他的行為。漸漸我發現，原來若禹的血液裡藏著挑戰錯誤的基因，不應該輕易激怒他。孩子都會經歷錯誤嘗試的過程，往往發現事態嚴重後，才會慢慢開始了解自己的所作所為是錯的，甚至會帶給別人困擾，然後才會試著修正與改變。

像孩子準時上課這件事，我們都很清楚，每天早上七點三十分一定要上爸爸的車，從家裡出發才不會遲到。可是，一個禮拜下來，若禹會有三天是七點四十分、七點四十五分才匆匆鑽進爸爸的車裡，而他總是有一堆不能提前的理由，像是肚子痛、等不到廁所、找不到球鞋……。我先生卻總是很有耐性地等待，也不會開罵，趕著上班的我可是急壞了！

通常這樣的情況，都要等到學校老師寫了遲到太多次的通知函，請家長好好管束，他才會知道事態嚴重，開始為出門提早做準備。

孩子自己改變了

以前，我先生常常跟他說，上課要專心，考前要準備，臨到考試才不會慌亂，他一開始總是當作耳邊風，根本不當一回事。

若禹去美國念書後，我感覺他長大了，而且我們說的話也慢慢聽得進去了。

若禹從小就懂得用努力考高分來表明自己的程度。但是，擔任兄弟會副會長以後，由於活動頻繁，壓縮了看書時間，遇到考試時，他會很焦慮地問：「快要考試了，書都看不懂，該怎麼辦？」

距離考試大概只剩三天時間，該念的書都沒念完的時候，他就會打電話回來，跟自己爸爸求救。我先生總是很有耐心，跟他好好說：「不要急，不要慌，要念的書一共有幾個章節？先從第一章開始念，再平均分配到每天要念幾個章節，念一段時間就好好去睡覺，睡飽了，明天再好好念。好了，不說了！現在先去睡覺。」

考試結束後，他跟爸爸說：「我照你的方法去做，效果不錯，你跟媽媽以前跟我說上課要專心聽，考試前就不會什麼都不清楚，我都沒有聽進去，因為我覺得你們講的不一定是對的，現在我是真的相信了。」

從若禹的嘴裡說出這些看似普通又平常的話，是很不簡單的事，也讓我好驚訝，他是真的改變了嗎？

出國前，幫忙若禹準備行李時，我跟他說：「要不要幫你準備一個大同電鍋？很好用的。」

他的回答是：「不用了！提那麼不 fashion 的行李，我不要！」

到了第二年暑假，他要回美國，我又問他：「你要不要大同電鍋？我們已經寄了一個給你哥哥，他說很好用。」

若禹不會因為他人的建議就輕易改變自己的想法，還是露出一副「幹嘛要一直鼓吹我帶電鍋」的表情。

沒想到，最後一個學期，他竟然打電話回來跟爸爸說：「你們幫我準備一個大同電鍋，最近我發現它超好用耶！」

這就是若禹的性格，往往要過一段時間，才能夠體會大人的用心良苦。這件事也讓我寬心不少，至少他開始試著去理解我們的叮嚀了。只要每次進步一些，都很值得高興，畢竟，羅馬也不是一天造成的，書上早就講過。

終於得到兒子的感謝

二〇一二年四月，我飛到美國，為參加若承的大學畢業典禮，也順道去看若禹。我先飛到洛杉磯找若禹，到了他的宿舍，一進房間就看到一堆髒亂的衣服，我先洗了三大槽，並將衣服摺好，接著跟他說：「媽媽要到超市買東西，要不要開車陪媽媽去？」

他的回答是：「我有事情很忙，沒有辦法陪妳，妳自己去啦！」

好吧！我只好自己搭巴士，轉了兩趟公車到一家超市採買，還幫若禹買了一些小家電及日用品，一個人揹著大包小包回到他的住處。

第二天，我準備搭乘隔天下午的班機離開，問他：「若禹，明天能不能十一點送我到機場？」

若禹的反應很冷淡：「不行！我下午有課，如果我送妳去，再回來就趕不上上課。妳自己去機場啦！妳叫 yellow cab（洛杉磯計程車服務公司）去就好。」

我跟他說：「那你幫我叫 yellow cab……」

「我沒有空，妳自己上網查就好啦！」

既然若禹都這樣說了，我只好自己打電話叫車，臨走前跟他說：「若禹，媽咪要走了！」

他一樣用敷衍的口吻說：「好！好！我知道了。」

我這個做媽媽的特別從台灣飛到美國來看兒子，卻遭到他這樣的冷眼相待，心中當然非常失落，我知道這就是真實的若禹，但不免也在心裡嘀咕，怎麼會這樣不懂事呢？

相較於若禹的冷漠，與老大若承見面時的感受就完全不同。飛抵若承念書的華盛頓州之後，當晚若承就帶我去吃牛排大餐，吃完後又帶我欣賞夜景，我真的好開心，還特別撥了一通電話回台灣給先生，告訴他當天經歷的心情三溫暖。

爸爸笑著說：「妳現在進入完全不一樣的世界喔。」

我回答：「對！我有一種從地獄直升天堂的感覺。」

幾個月過後，我先生的「五七健康同學會」團隊到洛杉磯演講，順道去探望若禹，還跟他吃了頓飯。席間，他跟爸爸說：「爸爸，你回家以後要跟媽媽說，她四月份來看我時，有幫我買了鍋碗瓢盆、咖啡機，還幫我洗了衣服，我很感謝她！可是那時候我沒有說，你回去一定要跟媽媽說喲！」

「媽媽要我陪她去超市買東西、載她去機場，我都沒有答應；你跟媽媽說，不是我不願意，是真的很忙，Sorry 喔！」

若禹的個性屬於「後知後覺」型，在事情發生當下，不知道輕重緩急，常常會隨著自己的喜好和節拍做事情，等到事過境遷後才會有所領會，但有領會總比沒有領會好，不是嗎？

事實上，做媽媽的對孩子再多的付出都無怨無悔。但是，聽到先生轉述若禹的話真的好窩心，也感受到他的成長。

急與慢，拍子經常對不上

三個孩子之中，對於若禹的教養，常讓我有不知所措的感覺。我著急的事，他常常不急；他著急的事，我反而常常覺得幹嘛要那麼急呢？

當我無法掌握急慢間的節奏時，就會交由我先生全權處理，他能夠用同理心對待孩子，也了解如何回應孩子的問題。

做父母的常會不自覺對孩子出現「管教慾」。有時候，家長認為這件事很重要，所以耐不住性子，急著跟孩子嚷嚷，認為他們怎麼學都學不會、教不會；有些家長認為這件事需要慢一點處理，不要那麼急，可是孩子又像急驚風一樣，非要馬上得到答案不可。

到底是慢教，還是快教，常常讓父母亂了方寸。

我先生認為，如果孩子性格本來就慢，家長需要花點時間教導孩子如何規劃時間，幫助孩子領略做事的方法及程序，讓孩子建立對於「急與慢」的基本概念。如果孩子性格急，就要了解孩子是急什麼？什麼原因會讓他們急到不行，像老二若禹，就是那種不能餓到的人，肚子一餓，就會鬧脾氣，所以，我們一定不會讓他餓肚子，放學回到家，絕對有飯可以吃。

家長的性格也有「急與慢」之分，但在**教養孩子時，通常需要慢一點，太急的話，常會讓事情變得更為棘手**。還好先生比我有耐性的多，所以，與孩子溝通的事就交到他的手上，這樣我也樂得輕鬆。

潘若承／

赴美念大學，開啟人生視野

高中畢業後，我申請赴美就讀大學。

能到美國念大學，最需要感謝的人就是爸爸及媽媽，如果不是他們拚命工作，努力賺錢，我大概也沒有辦法到美國念書了。

出國念書前，有朋友問我，「為什麼一定要出國念書？在台灣一樣可以念大學啊！」當時我的回答是：「怎麼可能一樣，一定會有些不同吧！我想，至少應該英文會好些吧！」雖然我在國中及高中念的是歐洲學校，教學方式和一般台灣的國、高中不大相同，但進入了美國大學之後，跟來自世界各地不同國家的人一起學習，我的視野也變得更加開闊。

這種身歷其境的感受，不是從書本上可以得到的，是要透過親自體驗才能夠切實地了解。所以，我經常鼓勵年輕朋友們，有機會不妨出國走走，拓展自己的視野，畢竟不能只是關起門來讀萬卷書，也要能夠行萬里路。

到了美國，我的頭腦就像裝了一條天線，每天都在接收各種新知、新的東西；在美國的學習很多元，思考不會局限於單一角度，讓我的人生觀也跟著有所轉變。

宿舍只有我一個亞洲人

從開始住進學校宿舍的那一刻起，我就進入截然不同的世界，這也驅使著我，讓我必須趕緊想辦法融入外國人的生活圈。

學校規定，大一新生一定要住校。入住後我才發現，整棟大樓除了兩位黑人以外，所有住校生都是白人。在清一色的白人生活環境下，身為亞洲黃種人的我要如何跟他們相處呢？最初，我還真有點不知所措，擔心他們無法接納我。

我打電話跟台灣朋友聊起自己近況時，他們似乎比我還要擔心，並且虧我：「你的英文跟白人比不是很好喔，我看你這下糗大了。」

剛開始與室友相處時，我的確用很破的英文和他們交談，支支吾吾，講得不是很好。幾次寒暄後，我發現，只要敞開心胸，其實也很容易跟他們打成一片，他們其實也非常樂意跟我做朋友，還教了我很多生活方面的瑣事。

在美國的第一年，我不但英文進步很多，更重要的是，我也打開了自己的眼界，接觸許多與台灣完全不同的文化，整個思維、心境都變得很不一樣。

在美國求學的經驗，人生快速地成長

以前，我對於白人的認識僅僅來自電視、電影、小說，但住在同一個宿舍裡面，生活在同一個屋簷下，吃喝幾乎全無二致的食物及飲品，當然會有很多不適應的地方，我必須努力調整自己。

我是華人，不管語言、文化、習慣、思考方式都與白人有很大的不同，一時之間不太容易融入他們。他們很注重的節日、觀看的電視節目、認識的名人、開的玩笑，我大抵不甚瞭解；而我很在意的節慶、熟悉的人、事、物，他們也無從得知。

有時，我們還會因為文化差異，爆發少許的衝突。

到美國念書，我彷彿進入到一個聯合國，深刻體會到什麼是國際化的社會。不只課業學習的內容具有國際性，因為所有論點、觀點、主張都有不同的角度，不會只有單面向的答案，與來自全球各地的同學一起上課、相互討論，腦力激盪時，我才慢慢發現，每個人的觀念、想法其實都有很大的不同，也都必須給予尊重及包容，並從他人的立場，設身處地去思考，才能真正深入瞭解他們的想法。

漸漸地，我對文化歸屬感有了一股強烈的渴求，基於對文化的認同，我很自然地加入台灣同學會，藉以尋求心靈的安慰，更希望透過學長、學姐的指導，引領我進入更大的社交圈。

加入了台灣同學會後，大家交談的是我聽得懂的中文，然而，接觸到的人仍然跟在台灣認識的朋友們不同，這反而更加刺激我積極探索的動力，也開始學習更多與他人相處的應對之道。

同學會的運作有既定的模式，包括組織、成員結構，都需按章程來行事。我曾是台灣同學會幹部，也擔任過會長，因此深切體會分工合作的重要性。

從這項工作中，我也深刻理解到人與人之間的溝通是多麼困難，我察覺到「誠心對待是溝通之母」，誠實地面對一切，才能真正進行有效的溝通。

忙於探索，荒廢功課

念高中時，爸爸、媽媽與奶奶管教得嚴，但只要達到基本的課業要求，他們就不會囉唆，所以，我的成績始終維持一定水準，不是頂尖，但也不會太差。

來到美國，爸爸、媽媽不在身邊，我要獨自面對一切，沒有人管我，我可以隨心所欲地做任何事。一開始，我就像新生嬰兒一樣充滿了好奇心，花了很多時間探索不熟悉的文化，也盡量抽出時間，參與各項活動，積極跟別人交朋友。

結果，混了一年，荒廢了學業，上、下學期的總成績簡直慘不忍睹。爸媽得知後很是著急，以為我在美國出了什麼事，原本核定的四年獎學金，也被勒令停發。

其實，我很努力在建立自己的交友網絡，想要與美國社會接軌，而不是將自己困在校園與宿舍間。一旦眼界打開了，朋友圈建立了，也學習到如何跟上國際化社會的脈動，我的心中便有種踏實感。大二我開始回歸學習，專心念書，成績也明顯提升了上來，讓爸媽安心不少，也不再接到他們叮嚀我注意功課的電話。只是，已經付出了四年獎學金被取消的慘痛代價，我後來知道，父親其實手頭並不寬裕，但為了讓我專心念書，他卻什麼都沒有說。

美國華盛頓州立大學的教學觀

到了美國華盛頓州立大學念書，影響我很深的是這裡老師的教學觀。教我的老師很注重自主學習，跟以往根據教材授課的教學方式大不相同。

有的老師教數學，總是讓學生背誦公式，然後不停地演練計算；自然科也一樣，有的老師會在台上講解，然後告知學生，這樣的題目就套入這樣的公式，結果學生往往也只是死背。

我非常幸運，遇到的老師教學方式並不是讓學生背公式，而是先告訴大家公式的來龍去脈，是誰發現的？如何發現的？組成的元素及條件是什麼？學生會了解公式的背景、意義，以及組成公式的架構。課堂上，老師不斷重複闡明，然後再給學生很多題目進行練習，就是要讓學生真的完全理解為什麼要套用公式來解題。

另外，老師教學時也特別注重分組討論，一個主題會分成好幾個組別，討論後再推選代表上台進行報告，大部分的老師會在上課時點名，被點到名的同學一定要回答，再爛的答案都沒關係，不像有些老師，一聽到是爛答案就說：「你到底有沒有在聽，根本就不對。」然後說：「下一位！」

我遇到的老師不會兇學生，頂多會說：「答案不是這樣，應該是這樣……」接著就會開始解釋，而同學也可以隨時發問。點到名的同學如果不回答，老師會不斷協助並鼓勵他們嘗試回答，直到他們答對為止。

好老師會認為回答問題是一種學習，有回答，代表在學習，哪怕答案不盡完善也是一種學習的過程。如果你不回答問題，可能你只有在聽，卻還沒有進入學習的狀態，所以，老師會想辦法讓你試著回答問題，以了解你是不是已經在學習了，而且一定是教完一個步驟，確定你能了解之後，再進行下一個步驟。

一個好的教育制度，應該以學生為中心，從學生的角度出發來進行教學，重視引導過程，所以學生學到的東西都會很扎實。說真的，只要不要太混，上課時認真聽老師講課、分組討論願意上台報告，要畢業，要拿高分並不是件困難的事。

最愛參加轟趴

我在美國念了四年大學，發現學校十分重視文化交流。大部分學生來自美國各地，為了讓學生瞭解世界各國的文化背景、人文思想，所以也經常舉辦各種國際性活動，希望藉由親身參與，拉近彼此間的距離。

在美國，很容易遇到 party 的聚會，型態也有很多種，和以往在台灣的經驗不太一樣。這些聚會大多都有主題，每個人都可能受邀參加各類型的 party，像主題聚會（theme party）、費用分擔社交聚會（no-host Party）、棕色紙袋聚會（brown bag party）、驚喜聚會（surprise party）、百樂家常聚餐會（potluck party）、家庭聚會（home party），每一種聚會都還挺有意思的。

主題聚會很受年輕人喜歡，主題風格的製定，可以從衣服風格、禮物型態、角色扮演來決定。「費用分擔社交聚會」中的no-host，代表該聚會是有主辦者但沒有主人的，所以，所有費用都由參加者來分擔，參加者也可以自備食品和飲料。「棕色紙袋聚會」是種自備食品的聚會，每個與會者準備棕色牛皮紙袋，裡面裝食物、飲料，到了聚會場合，再各自取出，彼此分享食用，是很經濟實惠的聚會。「驚喜聚會」也是很好玩的聚會。Party的主人常有生日、搬入新家、升遷等好事，在不知情的狀況下被帶到一個場所，接著，藏身於後的所有親朋好友會大聲說：「Surprise!」，讓氣氛high到最高點。「百樂家常聚餐會」是美國人最經典的聚會，我和我太太Winnie曾參加過。這是一種流傳已久、行之有年的聚會形式。早年農務忙碌的時候，鄰居會互相幫忙，帶來自家的食物，放在一起共同享用。到了現在，主辦單位也會邀請大家帶著自己的拿手好菜，大家齊聚一堂，分享美食，整個場面和氣氛相當熱鬧。

那次是學校舉辦的飲食文化交流，來自各國的同學烹煮該國最常見、最有名的料理。台灣同學會的學生做的是蔥油餅、滷肉飯，其他同學則是越南菜、日本菜、韓國菜……。我的手藝不好，只能充當跑腿，有人跟我說滷包不夠了，糖沒有了，我就幫忙採買，很有趣。

生日文化大不同

美國人很重視孩子的生日，爸媽會替孩子準備生日派對，邀請親戚朋友或隔壁鄰居一起慶祝。這種生日派對，在台灣念書時我就參加過，場面很熱鬧，但我在美國參加了墨西哥朋友的生日派對，他們有個「打破皮納塔（Pinata）」紙偶的生日習俗，十分特別。

假日期間，中南美洲小朋友常會在公園或廣場的樹上或繩子上，綁著一只色彩鮮豔的「皮納塔」，不斷用木棍用力敲打著皮納塔的角。這是墨西哥的一種習俗，流傳到美國，變成生日派對及聖誕節的慶典文化。

「皮納塔」是西班牙語，它是一種用紙糊成的傳統容器，裡面裝滿各式各樣的糖果，外面裝飾著鮮豔明亮的彩紙和亮片，造型以七支角的幾何圖型或各種動物為主。為什麼是七支角？我的了解是，墨西哥人認為七支角象徵七種罪，分別是暴食、貪婪、懶惰、驕傲、嫉妒、憤怒和欲念。「皮納塔」裡面的糖果象徵被魔鬼控制的美好事物。小孩子用木棍敲打皮納塔的角，打破皮納塔的肚子，意味能將美好事物從魔鬼手中奪回，有「帶來好運」之意。所以，「皮納塔」被打破，糖果掉出來的那一剎那，就會看到一大群小孩蜂擁而上，搶接糖果，就是想接收好運的意思。

台灣小孩過生日講究熱鬧，通常在家舉辦生日會，一起唱生日快樂歌，吹蠟燭，切蛋糕。墨西哥人家裡有小孩過生日，他們會圍在一旁唱西班牙的童謠〈皮納塔之歌〉，我查了一下，歌詞是：「加油加油！別失了準頭，失了準頭就找不到路了；加油加油！你打不破，就拿下眼罩，換我上場。」在歌聲的圍繞下，孩子們揮舞著棒子，一個一個上場，直到「皮納塔」的肚子被打破為止，生日派對才結束。

Drinking game 好玩到不行

家庭聚會（home party）是美國非常普遍的社交活動，這種 house party 跟台灣人習慣說的轟趴大大不同，我還滿喜歡在美國參加不同的 house party，因為實在太有趣了。台灣的轟趴通常是在小酒吧、KTV 或夜店裡舉辦，偶爾會在飯店裡進行，有時候還會跟負面社會新聞扯在一起。美國 house party 則是在家裡舉行，到場的都是主人的親朋好友，吃的是主人準備的豐盛美食，喝的是家中私藏或朋友帶來的好酒，玩的都是有趣的遊戲，尤其是 drinking game（喝酒遊戲），每一家的 party 玩法都不一樣。

在 party 中也常會喝酒，喝點酒讓人有點微醺慵懶及放鬆，比較容易跟不熟悉的人打交道。有一位朋友的酒量還算不錯，聽我說要參加越南人主辦的 party，立刻勸我不要去，理由是他們太會喝，太可怕了！連他這麼會喝酒的人都喝倒在地上，要別人扛著他回家。

party 並不是吃東西、喝酒、玩遊戲而已，大家會圍成小圈圈，東一句、西一句地談天說地，很容易認識來自世界各地的新朋友。每個人參加 party 的意義不太一樣，我是抱著認識朋友的心情，所以常跟在場的朋友相談甚歡，彼此互留訊息，並感謝主人熱情的招待。有些人在聚會裡只跟熟人或帥哥、辣妹講話，懶得搭理陌生的外人；有些人會玩遊戲玩過頭，讓場面有點難以收拾；有些人只顧吃東西，吃完了，就跟主人說要先走……在會場中可以看到不少人生百態。

參加 party 給我最大的文化衝擊，有人常會問我，台灣有哪些好吃、好玩的，或是詢問我一些中國的傳統文化、台灣的風土民情。不過，很快大家就會把焦點轉移到全球焦點、國家大事、地方新聞、運動賽事、娛樂八卦……這類話題上。

雖然我的英文已經愈來愈進步，如果不瞭解話題中整個事件的來龍去脈、問話人的立場，整個氣氛就會冷掉；而我也不可能瞭解每個人的成長背景及想法，為了避免尷尬場面，很自然就會加緊學習，慢慢也能增廣自己的見聞。

毒品這玩意，千萬碰不得

出國念書前，爸爸媽媽耳提面命跟我及若禹說，毒品這個玩意兒絕對不准碰，否則一輩子就會被毒品戕害。到了美國後，許多朋友只要聊起大麻等毒品，竟然如數家珍，這時我才瞭解，在台灣被視為禁忌的毒品大麻，在其他國家其實隨處可得，在荷蘭甚至還是合法的，連咖啡店都買得到。

我從網路上查到美國一項二〇〇七年的調查資料，這份報告說，一千四百萬美國人在一個月內，至少曾經吸食一次大麻，這足以證明大麻在美國的普遍性。但大麻在台灣可是二級毒品，持有或吸食都要坐牢，一般人也不會輕易接觸。

過去，我對於大麻的認識大多來自新聞報導，常見的是某某藝人因家中私藏或抽食大麻，被檢察官搜索，登上了媒體版面。大麻在我心中絕對是負面且絕對不能碰觸的違禁品。到了美國，大麻依舊是列管毒物，持有大麻或販賣仍然構成犯罪行為，但抽大麻卻是見怪不怪的事。因為很容易接觸大麻，很多人都抽，很多聚會場合，大家喝著酒聊天，氣氛熱絡時，就會有人掏出大麻，捲給你看，甚至請你抽。

其實，在美國很多人吸食甲基安非他命（crystal meth），這是一種窮人的古柯鹼，由於便宜又容易取得，許多貧窮的黑人、外裔人士都在使用，結果也釀成了社會問題。我在美國結交的朋友中，有人抽到掛掉，想到就覺得恐怖！我還曾經耳聞，美國亞利桑那州與墨西哥邊界是一片沙漠，為了阻撓非法移民及毒品走私分子穿越這條邊界線，美國政府築起了一道二十一世紀的千里長城。

我曾在網路上看到一位美國記者這樣描述：「穿越八十公里的沙漠，路上響尾蛇、毒蠍子橫行，全副武裝的毒品走私分子、強盜時常出沒，更要命的是飲用水奇缺，不時有人渴死。」

課堂上，一位身為警察的老師還播映了一段美墨邊境毒品販售的寫實影片，這時我才明瞭毒品不只對身體健康有害，對於社會、經濟的負面影響更是深遠。

毒品不只是吸食者的毒癮、販者鋌而走險的問題，這些都只是冰山一角，藏在冰山下面的毒品運送、利益糾葛、槍擊執法人員的問題，才更是錯綜複雜。

影片中，販毒者多為墨西哥、拉丁美洲、非洲的非法移民，他們沒有避孕觀念，孩子生得多，四處打黑工的工資少，一個月能不能賺到一千塊美金（約兩萬九千元台幣）都有問題，逼不得已，只好從事毒品販售，一天收入就有一千、兩千塊美金，可以藉此養活一家人。最邪惡的其實是毒梟，他們坐擁毒品來源，提供毒貨給販售者，抽取八至九成的利潤，獲取龐大利益。表面上，販毒的黑人、墨西哥人是壞人，但毒梟其實多半是白人，所以真正的壞人是誰呢？這個問題值得深思。

美墨邊境的毒物大戰愈演愈烈，有朋友問我，依照美國現有的國力，是否應該採取強制驅逐出境的做法？我直搖頭說：「很難。」我觀察到墨西哥人遍及美國，幾乎每一個州都有墨西哥人，而且美國百分之七十的勞工人口都來自墨西哥，若將墨西哥人驅逐出境，少了這些基礎人力，美國工業恐怕真的就會停擺了。

我認為，出國念書就是這麼有趣，可以觀察及了解許多的社會現象，不是只看電視上怎麼報導，聽別人怎麼說。以前聽說很多美國人學西班牙語，現在我懂了，尤其在一些州必須要學會講西班牙語，因為那是當地人使用的母語。

吃的異趣

美國是個多種族融合的國家，讓我有機會品嚐到與台灣味截然不同的食物，親炙異國飲食文化，我經常利用課餘時間去逛充滿異國風情的超市。

美國文化中，墨西哥人口的比例極高，所以有不少墨西哥超市及餐廳，我不是很愛吃墨西哥料理，尤其覺得黑豆湯（Black Bean Soap）難喝，味道好腥，令人受不了！每次吃完都拉肚子。太太 Winnie 跟我說，不是湯不好喝，是我不喜歡裡面的香料味；至於脹氣則是吃多了豆子的緣故。

玉米脆餅（tortilla chips）、Taco（捲餅）是美國最常見的墨西哥食物。玉米脆餅在台灣超商也可以買到，在美國墨西哥餐廳吃到的玉米脆片多半現做，是一種將墨西哥薄餅切成小片，經油炸或烘烤，做成零嘴，吃起來有玉米香味、口感清脆，通常要沾莎莎醬、辣椒乳酪醬來吃。Taco是墨西哥傳統食物，餅皮薄，以玉米粉製成，有點類似春捲皮，但皮比較厚、也較扎實，可以在餅皮上面擺放各式肉類、番茄、蔬菜等食材，捲起來就可以吃了。Taco的基本概念是捲餅，所以各式食物都可以放在裡面。聽朋友說，正宗墨西哥捲餅會使用牛肚、牛肝、牛頭肉，可惜我沒有吃過。

墨西哥超市的商品價格比一般超市便宜二至三成。逛了幾次我才發現，墨西哥菜少不了辣椒，跟台灣看到的細細長長辣椒不同，他們使用的辣椒是圓圓胖胖的綠色辣椒；不是整堆排在蔬果平台上，就是裝在罐頭裡，做成各式各樣的辣椒料理。以前，我一直以為墨西哥人愛喝酒，這才知道原來墨西哥人也是愛吃辣的民族。我也超愛逛韓國超市，賣場寬敞、乾淨，最愛牛肉，肉質一級棒！不但新鮮、精緻，肉片薄，多油花，味道超好，只是價格稍嫌貴了點，但又令人覺得值得。

逛華人超市時，我習慣逛活魚區。因為我曾經養過魚，喜歡動物的我很自然會停下腳步，慢慢欣賞。我修過寄生蟲課程，了解這些魚其實不是很健康，建議大家要吃魚的話，最好還是去漁港買新鮮活魚，或者購買極速冷凍的鮮魚。

超市東西多，價格又合理，但我最愛的還是跟奶奶逛的台灣傳統市場，那裡有我兒時熟悉的暖暖記憶，是乾淨、明亮的現代超市無法取代的。

到了美國後，我格外想念奶奶的拿手菜。奶奶的手藝一級棒，做菜速度又快，只要肚子餓了，跟奶奶說一聲，沒多久，一碗熱騰騰的食物就會端在我面前。不管什麼菜她都會煮，麵食類、滷味、熱炒菜……，反正任何食材一到了她的手上，就會變成一道道美味的佳餚。

潘懷宗／

老爸催婚記

隨著孩子逐漸長大，他們開始認識形形色色的朋友和異性朋友。在青少年階段，異性相吸是很正常的事。

若承念高中的時候，認識了一個小他三歲的「小蠻腰」女孩，家族成員都覺得與她不搭軋，但是我們也不便說什麼。大一時，若承到美國念書，因為距離關係，兩個人的感情愈來愈淡，只是若承性格對感情相當專一，不願意輕言分手。

寒假期間，他從美國回來。有一天，若承被同學帶到夜店玩，看到小蠻腰跟別的男生摟摟抱抱在一塊，心裡不是滋味，從此才對小蠻腰徹底死了心，不再掛念，我心裡想，也好。

認識眞命天女

若承性格不錯，懂得分寸拿捏，很得人緣。但初到美國念書，一切都很新鮮，幾乎玩瘋了，也影響到課業成績。我雖然不覺得成績跟一個人的未來發展有多大的關聯，但將心力放在學業是做學生的本分，所以我鼓勵他要穩住自己，一定會讀出興趣來。

大二回美國以後，他認識了現在的太太 Winnie，性格也因此徹底改變了，可見 Winnie 對他的影響很深。

當時，他加入台灣同學會，第一眼見到 Winnie 就被她吸引，覺得她很可愛、很漂亮，個性也很好。他向 Winnie 誠實以告，希望能夠跟她正式交往，兩人於是成了男女朋友。Winnie 十分照顧他，經常做各種台式料理給若承吃，滿足了異鄉遊子的胃。Winnie 本身也很愛動物，養了一隻三線鼠，還愛屋及烏地幫忙養了蜘蛛和好幾缸的魚。

Winnie 欣賞若承的幽默、善良與孝順，凡事都為奶奶、爸媽著想，他每年生日的第一個願望一定是奶奶身體健康；看到我和太太工作辛苦，他也因而養成了節儉不亂花錢的性格。

若承生活單純樸實，Winnie覺得跟他相處輕鬆自在，兩人可說是天作之合。我們第一次與Winnie見面時，就覺得她個性很好，全身似乎散發一種魔力，讓奶奶、若禹、若文都很喜歡她，連見多識廣、閱人無數的潘教授（潘老師）都伸出大拇指說好。

與Winnie交往後，若承的心定了，課業也恢復以往水準，讓我感到很欣慰。

我是一個很喜歡小孩的人，經常鼓勵年輕人增產報國。數年前還沒有出現少子化的趨勢，我就已經對適婚年齡的朋友大聲呼籲：「趕緊結婚，趕緊生孩子！」

若承、Winnie穩定交往了三年，想要看到他們結婚、生小孩的心也就蠢蠢欲動。若承剛升大三的時候，我有意無意透露希望他們趕緊結婚的訊息，他們總是閃避這個話題，理由是「年紀還小，還在念書，沒有經濟能力處理結婚這檔事」。

孩子們雖然相愛，但對結婚這件事並沒有認真考慮。

到了大三暑假，我正式跟若承提議：「明年暑假你大學畢業就結婚吧！」

由於我提出建議後，兩個小孩才認真開始思考這項議題。說實在的，現在的社會，要等到小孩功成名就，事業穩定，恐怕到四十歲都還達不到這個目標，也因為這樣的生活壓力，才造成年輕人晚婚，甚至不婚，更遑論生兒育女了。我認為，生命的意義在創造宇宙繼起之生命。我們並非溺愛小孩，在他們最佳的生育年齡，為社會國家創造繼起之生命是責無旁貸的神聖使命，也趁著我還年輕，經濟上能多幫助他們一些，這談不上溺愛，而是盡責任。

認真考慮之後，若承和 Winnie 終於決定共同廝守一生。
他們得到了所有親友的熱情祝福。

另一方面，他們大學交往三年，接著若承繼續攻讀獸醫學位（在美國都是學士後）又要四年，如果小倆口認定彼此，何必還要蹉跎四年呢？這樣對女方不僅比較吃虧，而且不負責任。因此，在雙重理由下，我正式提出大學畢業就完成終身大事的構想，請求小倆口認真考慮，是否彼此願意共度一生，畢竟必須先徵得他們小倆口同意才行。

過了幾個月，小倆口回答我，在他們認真考慮後，決定共同廝守一生，我聽了很高興，於是進行了下一個步驟。

溫馨生活，一家人和樂

我挑了一個較有空閒的傍晚，鼓起勇氣打電話給 Winnie 的父親劉一震總經理，誠誠懇懇地說明提親的事由，並說明若承自小就老實、穩重，希望劉總能夠答應，同時也表明我們家和若承不會輕易承諾，但一旦承諾，必然終生奉行。之後，得到劉總經理及夫人的同意，全家高興得不得了，於是又再進行下一步驟。

婚事說定以後，接下來當然是準備婚事的諸多事宜。

因此，挑了一個良辰吉日，我邀約 Winnie 的父母親到我家附近的家常小館用餐，席間談到了兩人婚禮請客事宜，我特別表達自己當了多年的民意代表，平常選舉，已經受到諸多長輩、親朋、同事的照顧，實在不好意思再打擾他們，因此男方將不請客，也不發喜帖，但是仍然舉辦歸寧宴請，由劉總經理主辦，我們以親家身分，全力配合，熱熱鬧鬧地辦，劉總經理當場應允，讓我感恩不盡。

用完餐後，我又帶著他們兩夫妻到奶奶家小坐，一方面是介紹給奶奶認識，另一方面是告知 Winnie 的父母親，日後 Winnie 嫁過來以後會跟奶奶同住。若承很得奶奶的疼愛，奶奶也會照顧小夫妻倆的起居，特別是奶奶燒得一手好菜，Winnie 有口福了。

中國人常說「不是一家人，不入一家門」，在 Winnie 及她的家人身上也應驗了這句話。若承剛認識 Winnie 時，家裡的每一個人都很喜歡她，沒想到 Winnie 的父母親也跟我們的觀念相通，彼此相見歡，親事也就這麼順利地訂下了。

小倆口同意大學一畢業就結婚。一開始，Winnie 的親戚還以為她是奉子結婚。否則，年紀輕輕，才二十三、四歲，怎麼就要步入家庭呢？其實是因為他們彼此珍惜對方，也是若承為了給予 Winnie 長遠的幸福所做的承諾。

二〇一二年七月，他們在親友的祝福下，完成了終身大事，也了卻我的一樁心事。看著小倆口有了屬於自己的家，我承認自己很傳統，還想要抱孫子。

我不會勉強他們，但我每次一想到自己「右手翻著書，左手抱著孫子」含貽弄孫的溫馨畫面，內心就覺得好踏實。**一家人簡簡單單、開開心心地在一起生活，不就是人生最大的快樂嗎？**

國家圖書館出版品預行編目資料

潘懷宗的慢管教養：管少一點，愛多一點，教出快樂自信的好孩子 / 潘懷宗 著 . -- 初版 . -- 臺北市：平安文化，2013. 10 面；公分 . -- （平安叢書；第 424 種）（親愛關係；07）

ISBN 978-957-803-879-0（平裝）

1. 親職教育 2. 子女教育 3. 通俗作品
528.2 102016802

平安叢書第 0424 種
親愛關係 7
潘懷宗的慢管教養
管少一點，愛多一點，
教出快樂自信的好孩子

作　　者—潘懷宗
發 行 人—平雲
出版發行—平安文化有限公司
台北市敦化北路 120 巷 50 號
電話◎ 02-27168888
郵撥帳號◎ 18420815 號
皇冠出版社（香港）有限公司
香港上環文咸東街 50 號寶恒商業中心
23 樓 2301-3 室
電話◎ 2529-1778　傳真◎ 2527-0904
責任主編—龔橞甄
責任編輯—草山祭鳥
美術設計—王瓊瑤
著作完成日期— 2013 年 04 月
初版一刷日期— 2013 年 10 月

法律顧問—王惠光律師
有著作權 · 翻印必究
如有破損或裝訂錯誤，請寄回本社更換
讀者服務傳真專線◎ 02-27150507
電腦編號◎ 525007
ISBN ◎ 978-957-803-879-0
Printed in Taiwan
本書定價◎新台幣 260 元 / 港幣 87 元

• 皇冠讀樂網：www.crown.com.tw
• 小王子的編輯夢：crownbook.pixnet.net/blog
• 皇冠 Facebook：www.facebook.com/crownbook
• 皇冠 Plurk：www.plurk.com/crownbook